空港まで 1時間は遠すぎる!?

現代「空港アクセス鉄道」事情

谷川一巳
Tanigawa Hitomi

交通新聞社新書 057

プロローグ

日本は狭い国土ながら国内12の空港に空港アクセス鉄道（モノレールなどを含む）が乗り入れている。具体的には北から新千歳、仙台、成田国際、東京国際、中部国際、大阪国際、関西国際、神戸、米子、福岡、宮崎、那覇の各空港である。さらに空港のそばをJR西日本宇部線が通っていて、空港の公式ホームページにも空港アクセスとして紹介されている山口宇部を含めると13空港となる。これは世界でも最も空港アクセス鉄道が整備されている国といって間違いない。

かつて1980年代、日本では鉄道会社と航空の連携はほとんど見られなかった。お互いが交通機関として敵視していたからであろう。当時はまだまだ航空機は庶民の日常の乗物ではなく、日常的な鉄道と、非日常の航空機に接点がなかったのも、当然といえば当然であった。ヨーロッパにおいてはその頃から主要空港にはアクセス鉄道が乗り入れていたので、日本もヨーロッパの事例を見習うような感じで空港アクセス鉄道が整備されていったのである。

では、実際の利便性はどうであろうか。一般に日本の鉄道は、海外に比べると、技術、ダイヤの正確さ、清潔度では世界のトップレベルである。しかし、空港アクセス鉄道については、実際の運用、運賃の仕組み、合理性では世界のトップレベルとはいえない。「せっかくいいものを持っていながら、使い方が下手」ともいえる。

また、海外も含めて、さまざまな空港アクセス鉄道に乗ってみて思うのは、立派な列車を走らせたり、高速のアクセス鉄道を建設しようとも、そもそも空港が遠いというところに不便さの第一要因があり「どんなに空港アクセス鉄道を整備しても、中心地から近い空港には利便性では絶対に勝てない」ということだ。中心地から遠いところに空港を建設してしまうと、後世にわたって不利益がつきまとってしまうというのを感じる。

一方で、現在はアジアの主要空港でもアクセス鉄道が完備されているのは当たり前となった。日本が空港アクセス鉄道先進国であることは間違いないが、新しく空港アクセス鉄道が開業したアジア諸国に比べると、劣っている部分は多々ある。何もかもが「日本が一番」などと過信せず、見習うべきところは見習って、そのシステムを取り入れることも考えなければならないであろう。

近年は空港アクセス交通に求められるサービスも様変わりした。ここ１、２年は国内でもＬＣＣ（Low Cost Carrier＝格安航空会社）の運航が盛んになってきたが、そのような時代の空港アクセスは今まで通りのやり方は通用しない。

我が家の最寄りＪＲ池袋駅から「成田エクスプレス」を利用して成田国際空港へ、そこからＬ

ＣＣで九州に飛ぶと、「成田エクスプレス」の運賃と航空運賃がさして変わらない額になってしまう。なんともバランスの悪い話であるが、これは日本だけの問題ではなくなっているようだ。世界各国でＬＣＣが台頭している現在、空港アクセスの運賃がそれに見合った額になっていないのである。

本書では、日本の空港アクセス鉄道の現状、これまでの経緯、さらには海外の空港アクセス鉄道などを参考に比較、日本の空港アクセス鉄道の課題も探ってみたい。辛口の部分が多いかと思うが、本書を通して、空港アクセス鉄道の現状に接してもらえればと思う。

なお、本文中の各空港の年間利用者数はすべて平成24年（２０１２）の数字である。

空港まで1時間は遠すぎる!?――目次

※所要時間(最速)、料金などについては平成25年７月時点の情報です。

第2章　鉄道アクセスが定着している
新千歳空港、中部国際空港、福岡空港

第3章　鉄道アクセスがあるその他の空港

第4章　そのほか、鉄道がアクセスに関係している空港

第5章　海外の空港に見るアクセス鉄道

第1章

日本の玄関となる成田、羽田、関西各空港のアクセス鉄道

成田国際空港

【空港コード】ＮＲＴ
【年間利用者数】３０２２万人（平成24年〈２０１２〉）
【所在地】千葉県成田市
【東京駅からの直線距離】57キロ
【滑走路】４０００メートル×１、２５００メートル×１
【空港アクセス鉄道】ＪＲ東日本、京成電鉄
【空港アクセス鉄道の運賃】東京〜成田空港間運賃１２８０円・特急料金１６６０円、京成上野〜成田空港間運賃１２００円（京成本線経由の運賃は１０００円）・特急料金１２００円
【空港アクセス鉄道の所要時間（最速）】東京〜成田空港間「成田エクスプレス」53分、東京〜成田空港間「エアポート成田」86分、京成上野〜成田空港間「スカイライナー」43分、京成上野〜成田空港間特急81分
【空港アクセス鉄道開業日】ＪＲ東日本＝平成３年３月、京成電鉄＝平成３年３月（バス連絡での成田空港乗り入れは成田空港開港と同じ昭和53年〈１９７８〉５月）
【空港開港日】昭和53年５月（新東京国際空港として）

世界一中心地から遠い空港

成田国際空港（以下成田空港）は昭和53年（1978）、当初予定より5年遅れで開港している。それまで東京の空の玄関は羽田空港のみで、国内線と国際線全便を1カ所でさばいていた。そこで成田空港は国際線、羽田空港は国内線と棲み分けし、成田空港は国際線専用の空港として開港したのである。わずかながら国内線も発着したが、それは国際線と接続するための便で、一部の便では国内線部分のみの利用はできなかった。開港時の正式名称は新東京国際空港で、平成16年（2004）の民営化時に成田国際空港に改称されている。

現在でこそ、アジアの主要都市でも広大な土地を求め、新空港は郊外へ郊外へと移転する傾向にあるが、成田空港はそういった傾向の先駆けであった。都心（東京駅）から直線距離でも57キロ。JRの線路をたどると79・2キロもある遠い空港となった。現在でも世界一、中心地から遠い空港であることは変わらない。開港後35年を経た現在でも「成田空港＝遠い」というイメージがついて回っていることも確かである。

成田空港は「都心から遠い」というだけでなく、いろいろと問題は多い。たとえば首都の空港なのに24時間空港でない。滑走路が2本になったものの、1本は2500メートルと長さが短く、

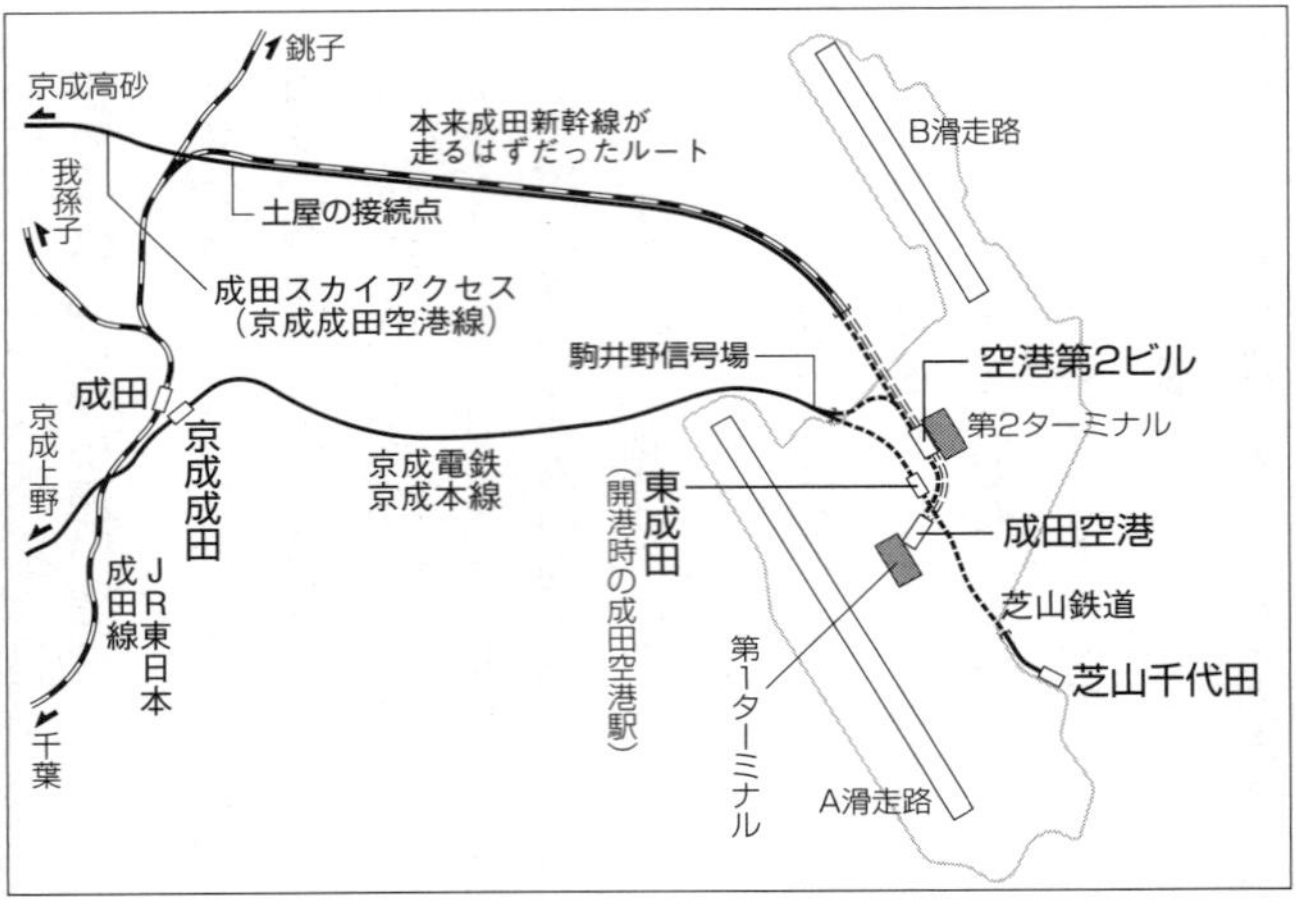

長距離便の離陸、またA380などの超大型機の発着ができないなどである。これらの問題を根本的なところから考えると、やはり当時の国は、土地問題、騒音問題などをクリアしないまま、半ば強制的に空港を建設した感があり、それが後々にまで問題を引きずっているような気がする。

現在は空港アクセス鉄道が徐々に整備され、時間的な距離は開港時よりかなり短縮されたが、近年は成田空港を発着する国内線が多くなり、再び「成田＝遠い」という話題を耳にすることが多くなった。ロンドン、ニューヨークへ行くのに空港が遠いのは仕方なくても、札幌、福岡へ向かうのに成田は遠すぎる、という感覚である。

平成24年からは日本でも国内線のLCCが運航されるようになったが、LCCは機材の運用効率を上げるために早朝から出発便がある。しかし、早朝に成田空港に到着する鉄道交通手段がないなどの新たな問題も発生している。

どれほど空港アクセス交通機関を整えても、都心からの物理的な距離が縮まることはない。そのため、成田空港を上手に使いこなすには、東京に住んでいながら空港周辺のホテルに出発前日に宿泊するなど、さまざまな工夫をしなければならないことも事実である。

では、国際線専用だったはずの成田空港で、なぜ国内線が増えているのだろうか。平成24年には日本でも本格的にＬＣＣが飛び始めたが、それらの便が拠点にするのは東京国際空港（以下羽田空港）ではなく成田空港である。羽田空港は４本の滑走路を有するが、それでも発着枠が足りず、ＬＣＣ各社は拠点を成田とした。やはり低運賃が売りのスカイマークも、平成23年から成田を東京第二の国内線運航拠点とした。成田空港の発着枠に余裕があるというわけではないが、現在、成田空港は離着陸方式を改めたほか、駐機場の増設などで、平成26年には年間発着量を30万回にまで引き上げる計画を実施中で、羽田空港に比べればいくらか余裕がある。

こういった変化には、平成22年に始まった羽田の再国際化が微妙に影響している。この年以降、羽田発着の国際線が多く飛ぶようになり、やはり利用者には「羽田発着」は人気である。航空会社の中には、日本航空のサンフランシスコ便のように、羽田便を開設、成田便を廃止してしまった路線すらある。すると、空港を運営する側にとっては、いくらか危機感も感じるのであろう。いわば成田空港と羽田空港が競争意識を持ち始めたともいえ、それはいいことだと感じる。

それまでは国の方針として、成田＝国際線、羽田＝国内線と、大枠があったので、空港としてもその方針の上に胡坐《あぐら》をかいていたのだが、それに変化が出ているのである。成田空港が国内線を積極的に受け入れている背景にはこのようなことも関連している。その結果、現在では国際線、国内線とは別に、成田＝ＬＣＣという状況も生まれてきている。それが、空港アクセスにも影響していて、空港アクセス鉄道の強敵となる格安空港バスの誕生などにつながっている。

そんな成田空港、空港アクセス鉄道のこれまで、そして現在、将来、さらに成田空港ならではの交通事情や、上手な利用法なども探ってみたい。

なぜ成田空港駅は空港から1キロも離れていたのか

成田空港にはＪＲ東日本と京成電鉄、2社の鉄道が乗り入れているが、昭和53年（1978）の成田空港開港当初、鉄道アクセスは京成電鉄1社であった。しかも現在のように空港ターミナルビル直下に乗り入れるのではなく、ターミナルビルから約1キロ離れたところに駅があり、そこからバス連絡であった。駅は地下にあり、階段を上がると検問所、そこでパスポートチェック、荷物検査、それをクリアすると、連絡バスに乗ることができた。ご記憶の方も多いのではないだろうか。

そのバスが、現在ではターミナル間連絡の無料バスなどを運行している成田空港交通（京成グループのバス会社）、またその駅が現在の京成電鉄東成田駅である。それでは、なぜ空港直下ではなく、空港から1キロも離れたところに京成電鉄の成田空港駅はあったのだろうか。不合理に感じていた人も多いはずである。

成田空港、当時の呼び方でいう新東京国際空港は、昭和41年の閣議決定で建設が始まっている。国の方針としての空港アクセス交通は、道路交通は東関東自動車道、鉄道は成田新幹線、また、成田新幹線は当初、東京〜成田空港間をノンストップで結ぶ予定だったので、千葉などからは国鉄成田線を利用する計画であった。計画には「京成」の「け」の字もなく、京成電鉄は空港アクセスとして全く無視されていた。成田空港のターミナルビル建設にあたっては、直下に鉄道駅が最初から用意されていたものの、それは成田新幹線用の設備であった。

しかし、京成電鉄としては、自社の沿線に国際空港ができるとなれば、現在の言葉でいうところの「大きなビジネスチャンス」で、空港アクセス列車を走らせようというのは当然の流れであった。

当時、京成電鉄の終点は京成成田であったが、京成電鉄は自力で成田空港まで線路を延長した。しかし、空港直下には乗り入れさせてもらえず、仕方なくターミナルビルから1キロほど離れたところに土地を確保、バス連絡になったという経緯がある。成田空港を建設した国側からすれば「京成電鉄が勝手に乗り入れてきた」とでもいわんばかりに京成電鉄は冷遇されていた。

今から振り返って思うと、空港ターミナルまであと1キロというところで鉄道が終点となり、バス連絡というのはあまりに不合理、その連絡バスも130円（後に160円、170円を経て190円）と、当時としては決して安い運賃ではなかった。成田空港の開港した昭和53年というと、東京都バスの均一運賃が90円から110円へと値上げされた年である。

しかし、当時はこれを真剣に不合理と思う人も少なかったように思う。その頃、日本の空港には、鉄道がそのまま横付けされるといった例がほとんどなく、まだまだ飛行機は日常的な交通機関でもなく、まして海外旅行は現在ほど気軽なものではなかった。「鉄道で空港に行く」という感覚が定着していなかったのだ。そのため1キロ離れた駅からまたバスに乗るというのも、日常の行為ではないので苦に感じる人は少なかったのであろう。

1キロ離れたターミナルへ歩いてみた

余談だが、当時発売されていたマイナーな旅行雑誌に面白い企画があった。京成電鉄成田空港駅から旅客ターミナルまで徒歩で行くことは可能か？　というものであった。たった1キロの間にバス代を出すのはもったいない！　という趣旨のものだ。当時は少ないながらも、世界中を低予算で旅行するバックパッカーが増加していた時代でもある。彼らは1日10ドルに満たない安宿を泊まり歩いては世界を巡った。その感覚からすると、ほんの数分しか乗車しないバスとしては高額である。

で、結果はというと、何度か警備の警察官に職務質問を受けるものの、「徒歩でターミナルに行きたい」と事情を説明すれば、かなり不審がられるが、門を開けてくれ「歩くことは可能」であった。

実は、私も当時の成田空港駅から空港ターミナルへ体験的に歩いてみたことがある。バス乗場ではバスに乗らずにターミナル方向に歩くのだが、間もなく厳重な門があり、警察官に職務質問を受ける。職務質問を受けるというより、「バス乗場はこっちではありません」といった具合で、およそそこを一般人が通るような雰囲気ではなかった。

警察官といっても、街中の交番にいるおまわりさんとは雰囲気が違う。ヘルメットに盾を持った機動隊で、私が事情を話すと身分証明書を確認して、トランシーバーで何やら上司に報告、背をかがめてやっとくぐれるような門を開けてもらえる。門といっても紛争状態にある国の国境のような二重フェンスの厳重な門で、平和な日本の光景に思えなかったことを記憶している。ここを歩いたのは夏の暑い日だったが、警備の機動隊は常にヘルメットをかぶり、重い盾を持ち、重装備であった。かなりの重労働ではないかと思えたものである。

門の先は空港ターミナルを目指すだけだが、空港関連の職員用バスや機内食工場のトラックが行き交うだけで歩行者はいない。歩道が整備されていただけにゴーストタウンのようでもあった。空港計画時は単に街として整備されたのだろうが、反対派や過激派の活動もあって警備を厳しくした結果、人気のない殺風景な光景になってしまったのであろう。人が歩くことがないためか、歩道が整備されているものの、ブロックの隙間からは雑草がかなり伸びていた。

この京成電鉄の駅設置場所の件を思い起こして感じるのは、成田空港は反対派の活動などで開港が遅れ、その後も警備に奔走させられるのだが、当初、国の計画や方針がかなり強引であったことがうかがえるのである。

車両完成6年後に営業運転

成田空港開港当時、冷遇されていた京成電鉄だが、開港までも不運続きであった。成田空港は当初、昭和48年（1973）に開港が予定されており、京成電鉄は突貫工事で開港前年の昭和47年に成田空港に達する線路を完成させ、「スカイライナー」となる空港アクセス専用車両を用意し、成田空港開港に向けての準備は万端であった。

ところが、実際に開港するのは昭和53年となる。車両は用意したものの、使い道のない車両となったわけで、京成電鉄は昭和48年に仕方なく京成上野〜京成成田間の都市間特急にこの車両を走らせるが、乗車率は極めて悪かった。私も成田空港開港前に、「スカイライナー」車両を使った「特急」に乗り、成田山新勝寺《しんしょうじ》に初詣に行った経験があり、年始にもかかわらず空いていたことを記憶している。そして皮肉にもこの本来の仕事をさせてもらえない「スカイライナー」初代車両のAE（Airport Express）車は昭和49年、鉄道友の会から優れた車両に贈られる「ブルーリボン」賞に輝いている。

こうして、成田空港は昭和53年に開港し、「スカイライナー」も営業運転を始めるが、本来の形で走り始めたのは車両が完成して6年後になってしまい、当時は世間的にも「京成電鉄の悲劇」

としてとらえられていた。新車として運転を始める予定だった車両が、6年も経って初めて本来の形での営業運転などというのは、日本の鉄道史上では例がないであろう。

おまけに開港直前には、車庫に止めてあった「スカイライナー」車両が放火される事件も起きている。空港が開港する前に全焼して廃車になっていた車両もあるのだ。

京成電鉄が悲劇的に扱われていた理由には、京成電鉄は本来の開港1年前には空港アクセス輸送の準備を自力で整えていたのに対し、国が進める成田新幹線は用地買収すら進んでいなかった。にもかかわらず、京成電鉄が冷遇されていたという部分が大きかったのである。

幻に終わった成田新幹線

一方、国が鉄道アクセスとして推し進めていた成田新幹線は用地買収が進まず、成田空港開港後も完成の目途は立っていなかった。「成田新幹線？　そんなもの本当にできるのか？」というのが世間一般の感覚で、誰も実現するなどとは思っていなかったというのが当時の本当のところである。

当時は高度経済成長期ではあったが、鉄道ファンの目から見ても成田新幹線計画には無理があった。「新幹線はある程度距離があるところを時間短縮できるから効果があるもの」で、100キロにも満たない区間に新幹線建設というのは大いに疑問であった。当時、私は小学生の鉄道ファンであったが、小学生から考えても、成田新幹線が実現するとは思っていなかったし、鉄道に興味がある学校の友人も同じ考えであったことを記憶している。

東海道新幹線の延長として建設し、成田空港発新大阪行き「ひかり」などが走るならともかく、成田新幹線構想では東京～成田空港間のみの運転で、東京駅は地下になる予定だった。東海道新幹線との直通運転などは考えられていなかったのだ。東海道新幹線は昭和39年（1964）の開業後しばらくは12両編成であったが、それと同じ列車をこの間に運行するつもりで施設は計画された。計画通り完成すれば東京駅～成田空港間の所要時間は30分であったが、今から考えてもかなり計画には無理があったように思う。

本来なら昭和51年、東北・上越新幹線より早くに開業する予定であったが、その東北新幹線の大宮～盛岡間と上越新幹線の大宮～新潟間が開業した昭和57年の翌年、昭和58年に成田新幹線の工事は凍結され、その後国鉄の分割民営化などがあり、成田新幹線の計画は正式に断念されたのである。

ではいったい成田新幹線の東京駅はどこに建設するつもりだったかというと、その施設、我々は普段利用している。実は京葉線の東京駅地下ホームこそが成田新幹線用に用意されていた場所である。京葉線の施設は成田新幹線用施設を転用して建設されたのである。東京駅の京葉線地下ホームといえば、他のホームからかなり離れた場所にあり、延々と動く歩道を使って移動する。地図で確認すると東京駅と有楽町駅の中間に位置し、東京駅の北口などよりは有楽町駅に近い位置にある。

京葉線というと東京や千葉の湾岸地域からの通勤客が多い路線で、東京駅では中央本線、山手線、京浜東北線などに乗り継ぐ利用者が多いはずだ。にもかかわらず京葉線のホームからの通路はこれらのホームに近い丸の内側ではなく、八重洲側につながっているが、これは新幹線同士の乗り換えを考慮した配置になっていたのである。通路を有楽町駅につないでもよさそうな位置にあるが、ここは「有楽町駅」ではなく、どうしても「東京駅」である必要があったのだ。週末ともなると東京ディズニーリゾートなどに行く乗客で賑わう京葉線ホームだが、当初予定ではここから成田空港行き新幹線が発車することになっていたのである。

石原慎太郎氏の「鶴の一声」で決まった

こうして成田新幹線は昭和58年（1983）に工事が凍結され、国鉄の分割民営化後の昭和62年に正式に建設中止が決まり、昭和63年、当時の運輸大臣だった石原慎太郎氏の、いわば「鶴の一声」で、成田新幹線用に用意されていた空港ターミナル直下の駅施設が京成電鉄とＪＲ成田線に転用されることが決まった。

成田新幹線は用地買収が進んでいなかったが、成田空港には建設当初から地下に駅が用意されていたので、これを現実的な方向で利用することになったのである。当時、テレビや新聞ではこの駅の存在は何度も取り上げられていた。「できるはずのない成田新幹線のホームが空港直下で眠っている」というふうに紹介された。世間一般的にも「もったいない話、バカバカしい話」として話題になっていたので、転用が決まった昭和63年というのは「遅きに失した」決断であったが、石原慎太郎氏が決断するまでは、誰も手を付けられなかったという状態であった。国が計画した成田新幹線が実現しないということを直視する政治家がいなかったのであろう。

実際にターミナル直下に電車が乗り入れるのは平成3年（１９９１）からで、京成電鉄、ＪＲ東日本、仲よく揃っての開業であった。京成電鉄にしてみれば、このとき、初めて国から空港アクセス鉄道として認められた瞬間でもあっただろう。逆にいえば、成田空港は開港以来13年間にわたって、ターミナル直下に駅があったにもかかわらず、離れた場所の駅にしか電車が来ておらず、不便なバス連絡を強いられていたのである。

石原慎太郎氏にまつわる鉄道関連の話としては、東京都営地下鉄大江戸線もある。当初この路

京成電鉄の路線が成田空港直下の駅に乗り入れて間もなく引退した初代「スカイライナー」

初代「スカイライナー」の足回りは通勤車両としてよみがえって現在も活躍中

線の名称は、「東京環状線」に決まりかけていたが、都知事の石原慎太郎氏が「ぐるぐる回る路線じゃないのに環状はおかしい」「寝過ごすとまた同じ駅に戻ってくるのが環状線だ」「大江戸線なんてのはどうか」と発言したことから、「大江戸線」が正式な路線名になったのであった。

京成電鉄にしてみれば、成田空港への線路は当初の成田空港開港予定だった昭和48年の前年昭和47年に完成させているので、それから19年経ってやっと本来の姿になったことになる。平成2年には2代目「スカイライナー」車両AE100形も登場しており、3年後の平成5年には、初代「スカイライナー」AE形は引退している。つまり、初代の「スカイライナー」車両は、日本初の空港アクセス特急車両として登場したものの、本来の形での運行はわずか2年間であった。不運な車両であったといえる。

引退した初代「スカイライナー」の現在はというと、車体こそ解体されてしまったが、足回り（台車、モーターなど）は再利用されていて、京成電鉄の通勤型３４００形として生まれ変わっている。初代「スカイライナー」は昭和47年に造られた車両で、車内設備の劣化が目立っていた。運賃のほかに特急料金の必要な列車で、国際空港のアクセス特急ともなれば、海外からの利用者も多く、劣化した車内設備の車両をそのまま走らせるわけにはいかない。しかし、昭和47年に登場したものの本格的に運用が開始されたのは昭和53年の成田空港開港以降だったので、車体は劣化していたものの、走行距離は短く、台車、モーター、電気機器などはまだまだ使える状態だった。そこで、足回りのみを再利用して車体だけを新製した車両が３４００形なのである。３４００形は、成田空港建設に翻弄された京成電鉄に誕生した、曰《いわ》く付きの車両ということもできる。京成電鉄に乗車する時に、３４００形に出合ったなら、京成電鉄の成田空港乗り入れにまつわる苦悩に思いを馳せてほしい。

新幹線の複線用設備に単線2本が運行する変則的な構造

京成電鉄とＪＲ東日本成田線の空港ターミナル直下への乗り入れは平成３年（１９９１）に始

まった。本来、成田新幹線用にと建設された設備に、異なる2社がそれぞれに乗り入れたので、線路配置にさまざまな工夫を施す必要があった。成田新幹線用の設備は当然東海道新幹線などと同じレール幅1435ミリの標準軌の複線が想定されていた。その施設を2社で利用することになったので、それぞれの会社が単線で乗り入れるという奇妙な線路配置になった。成田新幹線の下り線となるはずだった路盤にJR東日本が、上り線となるはずだった路盤に京成電鉄が、それぞれ単線で乗り入れているのである。

鉄道先進国である日本の玄関口となる国際空港へのアクセス鉄道が単線、というのは恥ずかしい状況であるが、それぞれが複線で乗り入れとなると、工事は大掛かりになり、倍の量の施設が必要だ。それよりは既存の施設を最大限利用するということでこのような線路配置となった。

関西国際空港（以下関西空港）にも空港アクセス鉄道としてJR西日本と南海電気鉄道が乗り入れるが、こちらは2社の線路幅が同じだったので、空港島に通じる連絡橋部分は線路を共用している。しかし成田空港ではこういった構造にすることはできなかった。成田空港の場合、JR在来線の狭軌1067ミリと、京成電鉄の標準軌1435ミリなのである。

こういった複雑な線路配置になったことは、現在でも乗車時に感じ取ることができる。京成電鉄本線に乗車し、京成成田を出発した列車は成田空港を目指すが、空港に近づくと、まだ空港駅までは少し距離がある地点で、電車はこのまま停車するのかと思われるくらいに減速する。そこが駒井野信号所と呼ばれる場所で、ここが、それまでの成田空港駅（その後の東成田駅）への路線と、新たに空港直下に乗り入れる線路の分岐点である。京成電鉄は昔の成田空港駅までを自力で建設したが、いわば、それが本線で、そこから急カーブを経て成田新幹線用に建設された路線へと枝分かれするような線形で運転されている。

一方、JRの路線も単線運転が強いられている。京成電鉄は自社で成田空港駅（現在の東成田駅）までを複線で建設したため、単線区間となるのは途中の分岐点である駒井野信号場から先の2・1キロだけなのに対し、JR成田線は、単線区間が8・7キロと長く、途中に行き違いができる信号場を設けているほどである。JRでは「成田エクスプレス」をおよそ30分に1本運転しているため、快速は1時間に1本しか運転していないが、この単線区間が増発の大きなネックになっている。

そして、これら区間は厳密には京成電鉄やJR東日本ではなく、成田空港高速鉄道という会社が線路施設などを保有、それぞれの鉄道会社が運行を行っているという特殊な扱いになっている。成田空港高速鉄道自体は車両を保有していない。このような形態になっているため、両線とも加算運賃が設定されていて、運賃が上乗せされている。たとえば京成電鉄の京成上野〜成田空港間は、距離だけで考えれば860円になるはずだが、成田空港を発着する場合は140円がプラスされて1000円となる。

また、これら路線が開通した翌年の平成4年には、成田空港第2ターミナルが完成しているが、これは当初から予定されていたことだったので、ターミナル開業時から京成電鉄、JR東日本双方が第2ターミナル直下の駅を開業させている。

利便性のJR、庶民派の京成

成田空港のターミナルビル直下に2社の鉄道が乗り入れたことで、それぞれの鉄道会社は特急列車のサービスを競うようになった。平成3年（1991）に初めて空港アクセス特急「成田エクスプレス」の運行を開始したJR東日本は、専用の新型車両253系を用意した。運行開始の翌平成4年からは、始発駅を東京ではなく、池袋や横浜とする列車が主体になった。京成電鉄と異なり、線路が都内主要駅につながっていることを活用し、池袋を始発に、新宿、東京などを経由して成田空港へ向かう列車と、横浜を始発とする列車を東京駅で連結しての運転となったのだ。

空港アクセス鉄道としては、それまで京成電鉄が「スカイライナー」を運行していたので、JRは後から参入したことになり、東京駅ほか、新宿、池袋、横浜などの主要駅から成田空港に直通できるというのがセールスポイントとなった。２５３系電車は最小単位が3両編成であったが、各方面の列車が東京駅で連結されたので、成田空港到着時は3両＋3両の6両、もしくは3両編成を3組つなげた9両編成であった。後に渋谷にも停車するようになったほか、池袋発の列車の一部は大宮始発に、横浜始発の列車の一部は大船始発に、また、中央本線の高尾を始発にする列車も加わっている。このようにして需要を伸ばし、２５３系は後の増備車では6両編成も登場し、合計12両編成で走る列車も登場した。

平成3年に登場しているが、バブル期に計画されているので、車内設備はその時期を反映したものになった。3両編成中1両がグリーン車で、グリーン車の一部はグリーン個室であった。どのくらいの利用率だったのか定かではないが、1～2時間の乗車時間にグリーン個室を設けたというのが、バブル期ならではの現象だったのではないかと思う。

しかし、一方で普通車は特急列車にもかかわらず4人が2人ずつ向かい合うスタイルの、いわゆるボックスシートとなった。ＪＲとしては、こうすることによって背中と背中が向かい合う部分の空間にスーツケースなどが収納できると考えたようだが、思いのほかこの座席は不評だった。当時、ＪＲの特急列車は2人掛け座席で、故意に座席を回転させない限り全員が進行方向を向いて座ることができるスタイルであった。４人掛けのボックスシートは、急行列車の標準的な設備

当初のJR東日本「成田エクスプレス」にはグリーン個室まであり、いかにもバブル期の設計であった

であったのだ（当時はまだ少ないながらも全国に急行列車が残っていた）。そのためボックス座席は後に通常の2人掛け座席に交換されている。

「成田エクスプレス」は全席指定席の特急として運転され、そのスタイルは現在も堅持されている。ＪＲの在来線特急列車では、自由席車両も連結されるのが一般的だが、「成田エクスプレス」は「スーパービュー踊り子」「ゆふいんの森」とともに数少ない全席指定席の列車である。

特急料金も、ＪＲにはＡ特急料金とＢ特急料金があるが、「成田エクスプレス」は運行距離が短いにもかかわらず、高いほうのＡ特急料金となった。グリーン料金も一律２０００円（ＪＲ東日本の通常のグリーン料金は１００キロ以内なら１０００円）となった。現在は朝の上りと夜の下りに千葉、四街道《よつかいどう》、

成田空港直下への乗り入れに際して新製された2代目「スカイライナー」

成田に停車する列車があり、ごく一部の列車で通勤輸送を兼ねているが、その他の列車では定期乗車券では乗車できない。いわば「成田エクスプレス」は強気の料金設定だったといっていいだろう。

一方の京成電鉄「スカイライナー」は2代目「スカイライナー」AE100形となり、8両編成になったが、都心側のターミナル駅が京成上野か日暮里《にっぽり》で、JRの「成田エクスプレス」に比べて、マイナーな地域からの運転であることは否めなかった。しかし「成田エクスプレス」の東京〜成田空港間が運賃＋通常期の特急料金で2940円であったのに対し、「スカイライナー」の京成上野〜成田空港間は運賃＋特急料金で1920円と、1000円以上も安かった（ともに京成電鉄成田空港線開業以前の運賃）。このため「庶民派のスカイライナー」ともいわれたものである。

私の知人には意外な理由で「スカイライナー」を愛用している人がいたのも覚えている。「成田エクスプレス」は当初から喫煙車両を連結していなかったが、「スカイライナー」は平成22年まで喫煙車両を連結していた。私は煙草を吸わないのでよくわからなかったが、せいぜい1時間ほどの乗車時間でなぜ喫煙車が必要なのかと聞くと、乗車時間の問題ではなかった。たとえば成田から欧米へ飛ぶと仮定すると、10時間以上は煙草を吸えなくなる。だから「スカイライナー」で吸いだめをしておくのだそうだ。当時、世界中の航空会社で客室全面禁煙が浸透してきた時期であった。

特急列車以外では京成電鉄が圧倒的に優位であった。京成電鉄は「スカイライナー」のほかに、乗車券だけで利用できる成田空港発着の特急を1時間に3本運行した。そのため「スカイライナー」が先に到着するとは限らず、一度も「スカイライナー」に追い越されることなく成田空港に到着する特急も多かった。

その点、JRの快速列車（成田空港行きのみ「快速エアポート」という名称がある）は横須賀線から直通するといったメリットがあるものの、1時間に1本と本数が少なく、必ず「成田エクスプレス」に追い越され、時間帯によっては「成田エクスプレス」に2回追い越されるほど時間を要した。このようなことからも「京成のほうが庶民的」といわれたのである。私個人で考えても京成電鉄の特急を利用することが多かった。しかし、京成電鉄の車両はロングシート、トイレなしの通勤型車両しかなかったのに対し、ＪＲの快速にはトイレが設備されているほか、一部セミクロスシートの車両があるなどのメリットもあった。

都心〜成田空港間30分台を目指して

平成3年（１９９１）に成田空港のターミナルビル直下に鉄道が乗り入れたことで、ＪＲの「成田エクスプレス」は東京〜成田空港間を60分、京成電鉄の「スカイライナー」は京成上野〜成田空港間を59分で結ぶことができ、それまでの空港駅〜空港ターミナル間がバス連絡といった不便も解消された。しかし、特急料金の必要な列車に乗っても1時間を要するという「遠い空港」であることに変わりはなかった。

アジアに目を転ずると、１９９０年代には香港やマレーシアのクアラルンプールで新空港が開港し、従来の空港に比べると、いずれも広大な敷地を求めたため、空港は郊外へと遠くなった。しかし、空港アクセス鉄道を充実させることで、ともに中心地のターミナルから空港までは20分台で運転している。

すると都心から成田空港までが距離的にいくら遠いとはいえ、最速の列車で1時間を要するというのは利便性に富む空港とはいえない。ましてアジア有数の経済大国、しかも世界に冠たる「新幹線」を開発した鉄道先進国としては恥ずかしい状況であった。

そこで都心〜成田空港間を30分台で運転するべく建設されたのが、平成22年に開業した京成電鉄成田空港線（通称成田スカイアクセス）である。これは北総鉄道（平成16年までは北総開発鉄道）の線路を延長して成田空港に達するというものであった。

北総鉄道とは、京成電鉄本線の京成高砂から枝分かれして、松戸市、鎌ケ谷市、白井市、印西《いんざい》市などを通る通勤路線で、京成電鉄を介して東京都営地下鉄浅草線にも乗り入れている。北総鉄道は第三セクター鉄道で、京成電鉄も出資、京成グループに属していた。このルートが完成すれば、それまで京成船橋経由で運転していた京成電鉄「スカイライナー」の全列車を北総鉄道経由で運転するという計画で、都心〜成田空港間の所要時間を30分台に短縮するという目標があった。

この北総鉄道には途中に千葉ニュータウン中央という、この路線の中心的な駅があるが、実は千葉ニュータウン中央付近は成田新幹線予定地だった土地に線路が敷設されていて、千葉ニュータウン中央駅の場所は、成田新幹線唯一の中間駅として予定されていた場所なのである。成田新幹線は用地買収が進んでいなかったが、この付近では用地確保ができていたのである。北総鉄道は沿線の足となる鉄道であることは確かだが、都心と成田空港を最短で結ぶルート上にあることも事実であった。そして平成12年には印旛《いんば》日本医大駅までが開通し、この印旛日本医大駅の場所は、成田空港まであと20キロにも満たないところにまで達していたのである。しかし、沿線が宅地化される計画があったのは印旛日本医大までで、そこから先に延伸する予定はなかった。ただあと20キロ弱進めば成田空港というところまで線路は達していたのである。

そこで新たな成田空港への路線は以下のようなルートとなった。京成上野から京成高砂までは京成本線、京成高砂から印旛日本医大までは北総鉄道線、印旛日本医大から土屋の接続点（後述）までは成田高速鉄道アクセス、土屋の接続点から成田空港までが成田空港高速鉄道というルートである。聞き慣れない鉄道会社の名称が出てきたと思うが、成田高速鉄道アクセスと成田空港高速鉄道は線路のみ保有する会社で、利用者が直接かかわることのない組織である。あくまでこれら線路や信号などを持つ会社のレール上を京成電鉄の電車が走り、京成電鉄が運賃を徴収することになる。

このうちまったく新規に建設する必要があったのは、印旛日本医大〜土屋の接続点間のみであった。土屋の接続点〜成田空港間は、成田新幹線用に建設された高架をすでに半分はＪＲ東日本が単線で利用していて、残り半分はこの計画に残してあったからだ。「土屋の接続点」とは、新規に建設しなければならなかった区間と、成田新幹線の高架に接続される部分を指している。また、土屋の接続点と成田空港の間は、成田新幹線用の高架をＪＲと共用するため、この新しい路線でも単線としてレールを敷設するしか方法がなかった。

こうして成田空港へ新たなルートが誕生。京成上野〜成田空港間は、京成本線経由だと69・3キロだった距離が、64・1キロと5・2キロ短縮された。

日本一運賃の高い通勤路線を通ることもネックだった

京成電鉄は成田空港へのルートを北総鉄道経由にすることで所要時間短縮を図ろうとしたが、私を含めて多くの人が不安も抱えていた。それは運賃であった。北総鉄道は千葉県北西部を運行する通勤路線だが、当初見込み通りに沿線の宅地開発が進まなかったことなどがあって、通勤路線としては極めて運賃の高い鉄道となったのだ。通勤路線としては日本一高いといって差し支えないレベルで、当時北総鉄道に10キロ乗車すると運賃は５００円であった。参考までに京成電鉄に10キロ乗車した場合の運賃は１８０円、ＪＲ東日本の幹線に10キロ乗車した場合の運賃は１９０円だったので、いかに北総鉄道の運賃が高額であったかがわかるであろう。

「スカイライナー」を新線経由にした場合、それまでの標準的な運賃の計算方法で考えると、京成電鉄の運賃＋北総鉄道の運賃、そして特急料金も京成電鉄分と北総鉄道分が加算される。さらに、前述した通り、成田空港に出入りする部分の線路を有するのは、これらの鉄道会社とはまた別の組織になるので、その分の上乗せも必要で、かなりの値上げが予想された。しかし、京成電鉄「スカイライナー」は、「成田エクスプレス」や東京空港交通の空港バスに比べて安価で庶民的というのがセールスポイントなので、「スカイライナー」の運賃が高くなると、「スカイライナー」の存在意義が薄れてしまう。

そこで、北総鉄道経由のルートが開業するにあたって、特別な措置もとられた。まず、北総鉄道の運賃を値下げし、北総鉄道と京成電鉄の間で乗り継ぎ割引を適用した。北総鉄道は経営合理化などで値下げをしたのではなく、値下げ分は千葉県や関係する自治体の補助で埋め合わせをすることとなった。北総鉄道の運賃が高い理由として、バブル期の高額な建設費が重くのしかかっており、簡単に値下げなどできる状態ではなかったのだ。

京成電鉄では北総鉄道部分も含めて京成高砂～成田空港間を京成成田空港線とし、この間を通し運賃としている。その結果、京成上野～成田空港間の運賃は京成本線経由が１０００円だったのに対し、新ルートの運賃は１２００円と、距離が５・２キロ短いが２００円の割り増し。特急料金は９２０円から１２００円となり、「スカイライナー」の運賃＋特急料金は１９２０円から２

400円へと値上げになった。しかし、全体としての値上げ幅は抑えられたといってよく、「庶民派」をなんとか維持できた格好になった。

運賃1200円の内訳は、京成上野～京成高砂間250円と、京成成田空港線部分（京成高砂～成田空港間）950円で、運賃は印旛日本医大で分けられることなく、通しの運賃となっている。また北総鉄道は運賃の値下げもされたと記したが、前述の10キロ500円だった運賃は480円となった。

「スカイライナー」は最高時速160キロ、新幹線以外では国内最速

京成上野から成田空港まで、北総鉄道線を経由する京成電鉄成田空港線が誕生したことで、念願だった都心～成田空港間の所要時間30分台が実現した。正確には京成電鉄「スカイライナー」の日暮里～空港第2ビル間の所要時間が36分となった。空港第2ビルは終点成田空港の1駅手前の駅であるほか、日暮里が都心というのも苦しい表現で、京成上野～成田空港間の所要時間は43分である（最速列車）。しかし、それまでの「スカイライナー」は同じ区間に59分を要していたので16分の短縮となった。59分の所要時間に対して16分の短縮というのは4分の1ということなので短縮率は大きかった。

所要時間短縮ができたのは、成田空港に向かって直線的なルートをたどることで、距離が短くなったということもあるが、新規開業区間では、日本において新幹線以外で最速の時速160キロ運転が実施されているという理由もある。

一般に日本の鉄道は、新幹線は時速300キロ運転を行うなど高速であるが、新幹線以外はせいぜい最高時速130キロ止まりで、主要国に比べて決して速くない。しかし、それは日本の在来線鉄道技術が劣っているからではない。日本では、踏切などがある在来線においては、運転士がブレーキをかけてから安全に停止するまでの制動距離を600メートル以内にするという決まりがあるからだ。

制動距離600メートルから逆算すると、在来線での最高時速はせいぜい時速130キロ止まりとなってしまう。しかし、この新線区間には踏切などはなく、駅間距離も長いことから最高時速160キロ運転が可能になった。

同じ例としては、新潟県を走る第三セクター北越急行の特急「はくたか」が、やはり最高時速160キロ運転を行っている。北越急行は山間部を数多くの長大トンネルで越える鉄道で、やはり踏切はない。この京成電鉄と北越急行の2例が、日本における在来線最速の鉄道である。日本の在来線最速列車が2例あるものの、ともにJRではないというのも意外といえば意外であろう。

都心～空港間30分台を実現した京成電鉄「スカイライナー」。現在の車両は3代目

「スカイライナー」の最高時速160キロ運転に伴い、京成電鉄では車両も全車が新型車両に置き換えられ、すでに現在使われている「スカイライナー」車両は3代目となった。近年は小田急電鉄のロマンスカーはじめ、鉄道車両を鉄道の専門家以外がデザインすることが多くなったが、京成電鉄「スカイライナー」では車両デザインはファッションデザイナーの山本寛斎氏が手掛けた。

3代目「スカイライナー」車両は「風」と「凛《りん》」をコンセプトに、最高時速160キロを誇る車両に相応しい、流れるようなデザインになったほか、トイレや洗面付近は、列車内としてはかなりお洒落な雰囲気となった。機能的にも各座席にパソコンなどに利用できる電源コンセントを装備、先頭部分にカメラが備わっていて、各車両にあるモニターで前面展望が楽しめる。平成23年にはブルーリボン賞を受賞している。一方で、従来の「スカイライナー」用車両も、時速１６０キロ運転に対応していないというだけで、車両が老朽化しているわけではないので、従来通りの船橋経由の「シティライナー」として現在でも運転されている。

ライバルの「成田エクスプレス」も新車に刷新

ＪＲも「スカイライナー」のライバルとなる「成田エクスプレス」を新型車両に置き換えている。「スカイライナー」が新型車両に置き換わる平成22年（２０１０）の前年、平成21年に先手を打つように新型車両Ｅ２５９系を登場させた。この車両はそれまでの「成田エクスプレス」用２５３系車両のデザインなどを踏襲しながらも、２５３系では当初基本が３両編成で３両に１両グリーン車があり、グリーン車には個室も用意されていたが、Ｅ２５９系では基本編成が６両編成で、６両中１両がグリーン車、個室は設けられなかった。

京成電鉄の成田空港線は平成22年7月に開業し、新型「スカイライナー」が登場するのだが、ＪＲの「成田エクスプレス」はその前の月の平成22年6月に「成田エクスプレス」全列車の新型車両Ｅ２５９系への置き換えを完了している。京成電鉄は日暮里からというハンデはあるものの、成田空港までの所要時間が30分台となったため、所要時間では負けてしまうＪＲも、利用者確保

JR東日本「成田エクスプレス」も2代目車両となった

に躍起だったことがうかがえる。まさにライバル同士の熾烈な競争であった。

旅客定員を比べると京成電鉄「スカイライナー」が1列車8両編成398人なのに対し、JR「成田エクスプレス」は6両編成で280人、それを2本つなげた12両で運転するので合計560人であった。

初代「成田エクスプレス」の253系のその後はというと、こちらはリニューアルされて新宿から日光方面への東武鉄道乗り入れ用特急車両に改造され「日光」や「きぬがわ」で活躍しているほか、地方私鉄の長野電鉄に払い下げられた車両もあり、第二の職場で活躍している。

253系で気になるのはグリーン車に設けられた個室のその後であるが、日光方面への特急用に改造された車両では車掌室に改造され、客室としては使われなくなってしまった。一方、長野電鉄に払い下げられた車両は、ローカル私鉄ゆえに最小限の改造で使われており、個室は今でも健在である。特急「スノーモンキー」の個室で「Spa猿～ん」と名付けられ、1室1000円の追加料金で利用できる。個室は定員4人なので4人で利用すれば追加料金は1人250円。地方私鉄でどんな需要があるか不明だが、一度乗ってみたい気がするものである。「Spa猿～ん」は長野電鉄の終点湯田中駅最寄りのところに猿が入浴する地獄谷野猿公苑があるためのネーミングだ。ここは猿が入浴する世界でも珍しい温泉で、外国人観光客にも人気のスポットである。

「前近代的」といえる複雑な改札システム

京成電鉄の成田空港線が開通したことで、「スカイライナー」は全列車が新しいルートを経由することになったほか、新たに羽田空港と成田空港を結ぶ「アクセス特急」という乗車券のみで利用できる列車も新ルート経由で運転されることになった。一方で従来からの京成本線経由、京成船橋を通る一般特急も1時間に3本運転され、こちらも空港への利便性は高く、利用率の高い列車である。京成電鉄だけで多くのルートができたわけで、所要時間や運賃に選択肢が多くなり、それはいいことだと思う。ところがここで問題が生じた。前述のように京成上野～成田空港間でいえば、京成本線経由の運賃は１０００円なのに対し、成田空港線経由の運賃は１２００円と異なり、双方の駅の改札口では、乗客がどちらの路線を経由したのかの判別ができないという問題だ。

こういった問題、ＪＲや東京地下鉄などではどうしているだろうか。ある2地点間に複数のルートが考えられる場合、長距離列車は別として、たとえばＪＲでは大都市近郊区間というのを設けて、その範囲内では、どのようなルートをたどっても運賃は最短距離で計算することになっている。東京地下鉄でも同様のルールである。たとえば池袋から東京地下鉄で四ツ谷に行くとしよう。最も距離的に短そうなのは有楽町線で市ケ谷《いちがや》へ、そこから南北線に乗り継ぐ方法だと思うが、乗り換えを嫌って池袋から丸ノ内線だけで四ツ谷に行く人もいるだろう。しかしどちらも運賃は同じである。極端にいえば山手線で東京から有楽町に行くのに、山手線内回りで池袋、品川と経ても運賃は同じである。

京成電鉄の例でも、成田空港線がすべて京成電鉄の路線であれば、ＪＲや東京地下鉄同様のルールで何ら問題はなかったと思われるが、成田空港線は途中、北総鉄道という他社の線路を経由しているのでそうもいかない。距離分の運賃は北総鉄道に分配しなければならない。そのためには、成田空港駅を京成本線経由の駅と、成田空港線経由の駅に分け、それぞれにホームと改札があるのが最もすっきりするのであろうが、そのようなスペースはないし、改良工事も大掛かりになってしまう。

そこで京成電鉄は前代未聞ともいうべき方法に打って出た。まずホームは長さがあったので、京成本線経由の列車と成田空港線経由の列車で位置をずらして停車させ、その間に柵を設け、乗客の流れを分けた。ホームはもともと成田新幹線用に造られていたので、通常車両より長い新幹線車両12両分の長さがある。急カーブが多い京成電鉄では通常車両より1両の長さが短く、新幹線12両分の長さは京成電鉄16両分弱の長さになるのだ（京成電鉄の成田空港乗り入れ列車は8両編成）。

こうして乗客の流れを分けることはできたが、改札機ではどうやって経路を見分けるかというと、これも型破りな方法が取られた。成田空港線のホームへは改札機を1回通ればいいのだが、京成本線のホームへは改札機を2回通るという方法が取られた。成田空港と空港第2ビル、2つある成田空港の駅では、乗車時も下車時も2回、改札機を通る。

当たり前ではあるが、これが乗客にはすこぶるわかりにくい。日本中に鉄道会社の改札機は普及しているが、改札機は乗車時と降車時に1回通るもので、2回続けて通るということは、新幹線ホームへなどを除いてはない。これは身体に染み付いている慣れである。そのため改札機を通った直後に再び改札機があると「あれっ！」と思い、間違ったことをしたのではないかと錯覚してしまう。ましてＩＣカード乗車券を使っていると、２度運賃が引き落とされてしまうのではないかと心配に思ってしまう。旅には慣れているはずの私の妻も、ここで通り方を間違ってしまったくらいである。ここをスムーズに通過しているのは空港勤務者くらいであろう。日本人にもよくわからないシステムなので、常時自動改札機横には職員が立っている。

このシステム、日本人に対しては「２つの経路があり、それぞれ運賃が異なるから」といえば、納得してもらえるだろうが、果たして外国人観光客にこの理屈が通るかどうかは疑問である。何よりも心配なのは、成田空港駅は外国人にとっては日本の第一歩の駅である。その第一歩で躓いてしまいそうである。日本へ来た第一印象が「この国のシステムはわかりにくい」ということになってしまわないか心配である。その国の第一印象がいいか悪いかは重要なことで、一度悪くなった印象をよくするためには、その後によほどいいことがないと覆らないものである。

日本の鉄道運賃は海外に比べてかなりわかりにくい。日本では東京の鉄道ひとつとっても、ここからは会社が違うので別運賃、地下鉄と私鉄が相互乗り入れしていても、ある駅を境に会社が変わるので運賃も加算、ということが当たり前となっている。

これは日本の常識であるが、世界に目を向けるとそうではない。お隣韓国ソウルの地下鉄でも

京成電鉄成田空港駅は利用する路線によって改札機を2回通る複雑怪奇な駅となった

何社かが運営しているが、ソウル首都圏には「首都圏大衆交通統合料金制」があり、運賃はタクシーのように最初の10キロがいくら、以降何キロごとにいくらと決まっている。何社に跨がっても利用した距離分の運賃は同じなのだ。一方、香港にも中心地と空港を結ぶ鉄道があるが、改札は乗るときか降りるときの１回だけで極めてスムーズである。これらのシステムに慣れている海外からの観光客などは、日本のシステムを見て「前近代的」と思うであろう。

日本は島国のせいか、何かにつけて日本の常識で事が進んでしまう。誰もが「当たり前」に思っていることでも、「世界はそうは見ない」ということが多々ある。

なぜ「成田エクスプレス」はすぐ止まる

一方の「成田エクスプレス」にも空港アクセスとしての問題点があるように思う。それは荒天時などに「成田エクスプレス」は運休になりやすいという問題だ。

空港アクセス交通というと「鉄道があるならそれに越したことはない」というのが一般的な考えではないだろうか。道路交通はどうしても渋滞などの関係で時間が読めない交通機関だ。ところが大雨、強風、大雪などの際、「現在『成田エクスプレス』は運転を見合わせております」という駅の電光板を見ることがけっこうある。その日に成田から国際線で出発する人などは慌ててしまうだろう。

しかし、「成田エクスプレス」が運休しているといっても、成田空港に通じる総武本線や成田線が完全に止まっているわけではなかったりする。普通列車や快速列車はダイヤ通り走っていることも多い。平成24年（2012）9月30日、台風17号が関東に接近したことがあったが、「成田エクスプレス」は15時以降の全便の運休を、その日の午前から決めていた。ところが、総武本線や成田線など、関係する路線自体は、本数こそ少なくなっていたが運休にはならなかった。また、京成電鉄「スカイライナー」や東京空港交通（リムジンバス）は通常通りに運行していた。どこかで線路が冠水したとか土砂崩れがあったなどの被害が出ていたわけでもなかったし、雨量計の数値が運転中止の基準になっていたわけでもない。なぜ「成田エクスプレス」はこんなに台風に弱いのだろうか？

少し話は変わるが、普段地下鉄などに乗っていてこのような放送を聞いた記憶はないだろうか。「現在、大雨のため東武線への直通運転は中止しています」「現在、強風のため小田急線への直通運転は中止しています」など。個々の路線は正常運転していても、相互乗り入れは中止しているという案内だ。荒天時、鉄道会社は他社との相互直通運転を中止し、列車の遅延などのダイヤの乱れが他社に波及することを未然に防いでいる。

「成田エクスプレス」は前述の地下鉄同様に複雑な経路で運転している。大宮始発、高尾始発、大船始発などの列車があり、それらを東京駅地下ホームで連結して成田空港に向かう。湘南新宿ライン、中央本線、横須賀線、総武本線、成田線と複数の路線を跨いで運転している。どこか1カ所での遅延が他線区に影響を与える可能性が高く、悪天候時などに最初に運休になる可能性が高いのである。

しかし、利用者としては「基幹の鉄道となるＪＲの特急が止まってしまうのだから大変」と思ってしまうであろう。ところが、そんな日でも空港バスはいつもと変わらず定時運行しているなどというのは珍しいことではない。自動車道が通行止めになるのはよほどの悪天候時になるので、バス便自体が運休するのは稀だと思っていいだろう。前述の平成24年9月30日の例でも、東京空港交通のバスは終日通常運行だった。

「成田エクスプレス」が複雑な運行経路で、運休になりやすいことは理解できたと思うが、やはり国の玄関へ通じる重要な交通機関である。それに相応しい運行方法も必要ではないかと思う。

そこでひとつの提言をしたい。海外に目を転じると空港アクセス鉄道は、ある決まった区間をシャトル輸送している場合が多い。「成田エクスプレス」は京成電鉄「スカイライナー」との対抗上、池袋、新宿、横浜などいろいろなターミナル駅から空港へ直通できる部分がセールスポイントであるが、悪天候時などは東京駅～成田空港間のみをピストン輸送する単純なダイヤに変更できるような体制を整えるべきではないかと思う。

そのためには、現在「成田エクスプレス」の車両を受け持っているのは鎌倉車両センターだが、それを千葉支社管内などに移動させる必要があるなど、簡単にはできない事情はあるだろう。しかし昨今はLCCの成田発着国内路線拡大などでますます都心～成田間のアクセス交通の重要度が増している。そして「国内線」となれば、利用者も国際線ほど時間に余裕をとらないで気軽に旅立つはずである。

何よりもＪＲには「成田エクスプレス」の重要性を自覚してもらいたい。確かに台風は事前に来ることがわかっているので、外出を控える人が多く、通常の特急列車などの需要は減るであろう。しかし、航空便利用者は予約をした以上、なんとかして空港に行かねばならず、本当は悪天候時こそ「成田エクスプレス」はダイヤ通り走っていて価値があるのではないだろうか。「なんとかして走らせよう」「人を運ぶことが使命」といった気概を見せてほしいのである。また、空港アクセス鉄道を運行する、ということは、そういった特別な使命を帯びているということを認識してもらいたい。少なくとも「ダイヤが乱れる心配があるから、明日は運休にしておこう」といった安易な運行体制では、利用者はたまったものではない。

ちなみに、成田空港が悪天候を理由に滑走路が閉鎖されるというようなことは、台風が直撃でもしない限りない。成田空港は国の玄関口になる重要な空港であるため、長い滑走路、精度の高い着陸誘導装置などを備えていて、やはり他の地方空港とは装備が異なる。それだけ多くの費用を投じて航空便が欠航にならないような備えがある。そういった重要な空港に発着する空港アクセスを運行する会社は、その空港の重要度に見合うような運行体制を整えなければならないだろう。

利用者も、これらのことを認識し、ＪＲを過信せず、ＪＲは運休になりやすいということを認識しておく必要がある。とくに危ないのが台風シーズン、雪のシーズン、突風が予想されるなど風の強い日である。「成田エクスプレス」が駄目なら「京成電鉄」、あるいは空港バスがどの駅からどのくらいの頻度で運行しているかなど、第2、第3のルートを頭に入れておく習慣をつけておくといい。たとえば「成田エクスプレス」の指定席券を事前に入手していたとしよう。ところが横浜駅に着いてから乗るはずだった「成田エクスプレス」運休のアナウンスを耳にしても、他の交通機関ならどうやって成田空港に行くことができるか、すぐに善後策が考えられるよう、普段からシミュレーションしておきたいものである。

空港アクセス鉄道に強敵現る

平成24年（2012）になって成田空港への鉄道アクセスには強敵も現れている。この年7月からは、成田空港から日本初の本格的なLCCとしてオーストラリアと日本企業の合弁のジェットスター・アジアが、8月からはマレーシアと日本企業の合弁のエアアジア・ジャパンが運航を開始。LCC運航に合わせるように、空港アクセスバスにも格安便が登場したのである。これらLCCを利用すると、成田から新千歳へは4000円台から、福岡へは5000円台から、沖縄へは6000円台から飛ぶことができ、国際線で韓国へ行っても何千円台からといった運賃である。すると、成田空港までの交通費に２０００円、３０００円と必要になるのはバランスの悪い話である。アジア最大のＬＣＣであるエアアジアの日本国内線運航を前に、東京で行われたトニー・フェルナンデスＣＥＯの記者会見でも、ＬＣＣ運航の障壁のひとつとして、空港アクセスが高額であることを挙げていた。

こういった要望に応えた形になったのが、この年の７月から運行を開始した京成バスと成田空港交通（京成グループ）が共同運行する東京駅〜成田空港間「東京シャトル」であった。従来、東京駅〜成田空港間のバス運賃は、東京空港交通（リムジンバス）の３０００円であったが、この区間に２０００円で参入、前日までの予約なら１５００円、１カ月前までの予約なら１０００円とし、９月中までは就航記念価格として８００円に設定された。運賃設定もＬＣＣ流になったといえ、バス代もかなり安くなった。

ところが、事態は急速に変化し、８月からは千葉県の平和交通も銀座〜東京駅〜成田空港間に空港バスの運行を開始、京成バス系列の「東京シャトル」に対抗するように、運賃は年間を通じて一律１０００円となった。結局、京成バスは普通運賃２０００円、前日までの予約１５００円といった運賃体系を白紙に戻し、東京駅から成田空港へは一律９００円、成田空港から東京駅へは一律１０００円という運賃に改め、平和交通に対抗した。この格安バスは次第に人気の路線となり、積み残しが出たり、朝の便は2台のバスで運行したりするなどの盛況となった。

そこで平成25年、京成バスでは1000円だった成田空港発も900円に値下げ、「東京シャトル」だけで空港行きは30分間隔、空港発は20分間隔へと増便した。運行会社も京成バスシステムとリムジンパッセンジャーサービス（いずれも京成グループ）が新たに加わり、4社での運行体制になった。京成バス系列と平和交通を合わせると、すでに30分に1本以上の成田空港への格安便が運行されるに至っている。

こうなると東京空港交通の3000円という運賃はかなり割高に感じるし、存在意義すら薄れてきた。平成25年から「東京シャトル」運行に参入したリムジンパッセンジャーサービスとは東京空港交通の関連会社で、いわば、東京空港交通でさえ格安便を手掛けるに至ったわけである（東京空港交通自体が京成グループ）。

そもそも日本中で、「空港バス」と名が付くと割高にできている。従来は東京駅〜成田空港間でバス代は3000円が当たり前だったが、ずっと以前から東京駅〜銚子間の高速バスは2500円であった。両者のルートを地図で照らし合わせてみると、東関東自動車をたどり、成田空港は銚子に比べてずっと手前にある。にもかかわらず成田空港までのほうが高額だったということは、そもそも空港バスは割高だったのである。運行しているバス会社も、成田空港行きは東京空港交

東京駅と成田空港を900円で結ぶ格安バス「東京シャトル」は一躍人気路線に

通、銚子行きは京成バスと千葉交通であるが、これらは3社とも京成グループなので、やはりバス会社による運賃の差というよりは、一般路線か空港発着路線かで運賃が違ってしまうと感じる。

成田空港行きと銚子行きのバスを比べても、成田空港行き車両のほうが豪華とはいえず、ともに通常の横2‐2座席配置の車両である。これは全国各地にいえることで、空港への利用者は財布の紐が緩くなるという考えが影響しているのであろう。しかし、ＬＣＣの就航などで航空運賃がこれだけ安くなった現在、改めるべきは改めていくべきであろう。「飛行機は特別な乗物」という考えから早く脱する必要がある。

話がバスのほうにそれてしまったが、これらのことは空港アクセス鉄道にとっても他人事ではない。私も「東京シャトル」の就航記念運賃８００円で成田空港に往復してみたが、バスは新車で、すこぶる快適であった。その後も何度か「東京シャトル」を利用していて、それまで頻繁に利用していた京成電鉄が疎遠になってきた感さえある。「東京シャトル」（平和交通も含めて）は運賃が安いからといっておんぼろバスを走らせているわけではない。それどころか多くは新車である。東京駅から成田空港まで所要時間は65分ほど、しかし鉄道と違い途中で検問を受けているので、空港到着時は身分証明書のチェックなどはない。この検問は現在廃止も検討されており、そうなればバスの所要時間はさらに短くなる。私は東京空港交通も利用した経験があるが、両者を比べて格安バスに何ら遜色はない。こういったバスが運賃900円で利用できるのだから、格安バスの知名度が上がれば、今後鉄道からバスに乗り換えてくる利用者は多いのではないかと思う。

当然「成田エクスプレス」や「スカイライナー」も運賃で対抗してほしいものである。鉄道の場合、距離によって何キロ乗った場合は運賃がいくらと決まっているので、運賃そのものの値下げは難しいであろう。しかし、鉄道の運賃はとかく「がんじがらめ」といわれる。航空運賃やバス運賃は、早めの予約、ネット予約、座席数限定などでの割引が多く、それが利用促進につながっている。その点、鉄道運賃は一度額が決まると、割引というものがほとんどない。平等なのかもしれないが、実際に「成田エクスプレス」や「スカイライナー」に割引で乗るという方法は見当たらない。すると「鉄道は割高」という印象が固まってしまう。柔軟な運賃運用も必要だと思う。

たとえば、私は航空機に乗るときだけでなく、飛行機撮影に空港に出かけることがしばしばあるが、同じ日の往復なら大幅に割引をするというのはいかがだろう。海外ではこのような割引は意外に多く、香港やベルギーのブリュッセルで利用したことがあり、これらの地では「デイ・リターン」といい、人気のチケットとなっている。

まだある成田空港への格安ルート！

平成24年（２０１２）には成田空港へのＬＣＣ就航を機に、格安バスが運行を始め、都心から１０００円札１枚あれば成田空港に行けて、お釣りが１００円もらえることになった。いくら成田空港が都心から離れているとはいえ、そもそも空港アクセスに２０００円、３０００円するほうがおかしい。現在は近隣国との交流も増えており、空港アクセスが高いというのはその交流の妨げにもなる。

東京駅〜成田空港間が９００円で移動できるようになったが、以前から空港アクセスにはそのくらいの費用しかかけていないという人は実は多い。海外旅行を頻繁にしている旅慣れた人ほど多く利用しているのは、「成田エクスプレス」でも「スカイライナー」でもなく、京成電鉄の一般特急である。京成上野〜成田空港間の運賃は1000円、一般の通勤車両なので座れる保証はないが、始発の京成上野から乗れば座れないことはない。本数も20分に1本の割合で運転されていて、「スカイライナー」より運転本数が多い。この特急列車は隠れた人気列車で、8両編成の各車両に、必ず大きなスーツケースなどを携え、一日で海外旅行に出発すると思しき利用者が数人はいる。外国人旅行者の利用も多く、交通費の高い日本では、こういったリーズナブルな運賃の列車に人気があるのだろう。

私自身も成田空港へ向かうときに最も多く利用しているのは京成電鉄の一般特急である。海外旅行を頻繁にしている知人も多いが、多くは京成電鉄の一般特急派で、「京成で」といえば一般特急を指すというのは暗黙の了解のようなものである。

というのも、海外旅行を重ねると、成田空港へのアクセス交通は高いということを実感せざるを得ない。たとえば成田からソウル、上海、香港、台北などへ旅行するとしよう。すると都市内や空港アクセスに日本円で2000円、3000円といった額を使うことはまずない。街中でタクシーに乗っても日本円で何百円の額で済むことがほとんどだ。仮に往復の航空券とホテルが付いているパック旅行を利用すると、高額なお土産でも買わない限り「旅行中で最も高額な支出が成田空港への交通費」ということは十分あり得る。中国の上海には空港アクセスとしてリニアモーターカーが運行されていて、特別な乗物ということで、中国では破格の高額運賃になっているが、それでも50元、日本円にして約800円なのである。

また、旅慣れた人が多く利用しているのは金券ショップで売られている京成株主優待券である。京成電鉄で都心から成田空港へ向かう人は、多くが起点から終点まで乗るので、株主優待の効果は大きい。運賃が1000円なので、仮に株主優待券を850円で購入すれば150円の得となる。ここでお得情報をひとつ加えると、この京成株主優待券で利用する場合、京成本線経由でも成田空港線経由でも、どちらでも利用できるということだ。京成上野〜成田空港間の運賃は、成田空港線経由は200円割高になるが、京成株主優待券ではそれを分けておらず、どちらのルートでも利用できる。そのため京成株主優待券を850円で購入し、成田空港線を利用すれば350円の得となる。成田空港線利用の利点は、本線経由に比べて列車が空いていて、大きな荷物を携えていても楽に乗車できることである。北総鉄道は運賃が高いため利用率が低いと前述したが、そのことを実感できる。とくに京成本線が混雑するラッシュ時はお勧めである。

さらに荷物の少ない国内旅行や、単に成田空港に飛行機撮影に出かけるときは、裏技的なルートで成田空港にアクセスできる。これは交通案内の検索サイトでも出てこないルートのはずだ。

そのルートとは、東京地下鉄東西線で終点の西船橋へ行き、そこから京成電鉄の京成西船《にしふな》へ徒歩で移動、京成電鉄を利用するという方法である。これなら東京在住の多くの人が格安で成田空港にアクセスできる。東京地下鉄の運賃は初乗りが160円と、東京では高めであるが、運賃の上限は300円と割安である。京成電鉄の京成西船〜成田空港間は780円なので、東京地下鉄沿線に住んでいれば、最大1080円で成田空港にアクセスできる。埼玉県にある有楽町線和光市からでも1080円である。このルートの注意点も記しておくと、西船橋〜京成西船間は徒歩7〜8分あるので、大きな荷物やスーツケースを携えての旅行には適さないということ。もう一点は京成西船には各駅停車しか停車しないので、京成船橋でもう一度成田空港行き特急に乗り換えなければならないことである（同じホーム）。しかし荷物の少ない旅行なら十分にお薦めできるルートで、所要時間でも他のルートと比べてそれほど遜色はない。

しかし、読者の中には、そこまでして交通費をケチる意味がわからないとお考えの方も多いのではないかと思う。それはその通りかもしれないが、一般に日本人の旅行形態は、回数が少なく、その回数の少ない旅行を贅沢にという傾向がある。確かにほんの50年ほど以前、海外旅行は一生に1回できるかどうかの夢の世界であっただろう。そしてその考えの延長が、「1年に1回しかできない海外旅行をケチりたくない」というような考えにつながっているのであろう。だが、それが「空港アクセスは多少割高でも許される」という傾向につながってしまっているのではないだろうか。何か日本では、遠出をいつまでも特別視しすぎているような気がするのである。

成田空港周辺のホテルに前泊して早朝便に乗る

成田空港発着の国際線には特徴がある。午前中に出発する国際線は、決まって９時近くにならないと出発しない。これは騒音問題絡みの話ではない。成田空港の運用時間は朝６時からで、６時以降は到着便、また貨物便には出発便もある。しかし、朝６時台、７時台に出発する国際便はＬＣＣを除いて存在しない。

これは世界的に見ると成田空港ならではの特徴である。朝６時台、７時台に出発便を設定しても、乗客が空港に来る交通手段がないというのが理由である。国際線に乗るとなると、通常は出発時間の２時間前、遅くとも１時間半前には空港に到着するくらいが標準であろう。始発の「成田エクスプレス」の成田空港着は７時18分、始発の「スカイライナー」の成田空港着は６時42分なので、航空各社は、この時間から計算して成田空港出発時刻を設定しているのである。

それでも朝８時台、９時台に出発するのはソウル、北京、上海など、１日に何本も便がある都市ばかりである。なぜかというと、東京近郊に住んでいても「成田エクスプレス」や「スカイライナー」の始発に乗れる利用者は限られている。東京駅や日暮里駅に出る交通手段がないからである。ソウル、北京、上海などへは、1日に何本も便があるので、朝一番の便は「乗れる人だけが利用してください」ということだ。そのためさまざまな行先への午前便が本格的に出発するのは、午前10時以降となってしまう。世界でも最も朝寝坊な空港なのである。

ところが、この状況は平成24年（2012）から変化も出てきている。それはLCCの運航が始まったことによる。LCCは低運賃実現のため、機体の稼働率を高める必要がある。機体が空港で休んでいる時間を極力少なくし、少ない機体で何度も飛んで稼ぐのである。すると、LCCとしては、利用者の利便性を考えて成田発を遅くするといったことはできない。当然といえば当然だ。

LCCは成田～札幌4000円台、成田～福岡5000円台などという運賃がマスコミなどに大きく扱われている。確かにこの運賃で予約でき、看板に偽りはないのだが、これら最安運賃の便は、ほとんどが成田空港を早朝に出発する便である。出発当日、朝早く起きて鉄道で成田空港にアクセスし、これらの便を利用することは不可能である。しかし、これらの便、実際に利用してみると、けっこう盛況である。LCC側からすれば、成田を朝6時出発、空港アクセスは自己責任で「利用できる人は利用してください」といったところである。利用者側も、航空運賃が安いのだから、とさまざまな工夫をして利用している。始発の「成田エクスプレス」や「スカイライナー」に乗っても間に合わない便。利用者はどうやってこれらの便に乗るのか疑問である。まさか成田市周辺在住の利用者だけが乗っているはずもない。

早朝発のＬＣＣに対応したのは空港バスで、現在では東京駅発１時30分、２時、４時30分といった深夜便が運行されている。通常、東京駅〜成田空港間のバス所要時間は60〜70分なので、東京駅を１時30分に出発すると、成田空港には２時30分頃に到着することになるが、実際の到着時刻は３時30分、途中のパーキングエリアで時間調整をして運行している。

羽田空港でもそうだが、空港の運用時間が深夜・早朝に及んでも、鉄道アクセスはそれに対応できない。航空便の発着時間帯が早朝・深夜になっても、鉄道の始発電車や終電の時間を早くしたり、遅くしたりということは簡単にはできず、これは空港アクセス鉄道のウィークポイントである。鉄道会社は終電と始発電車の間に線路のメンテナンスなどを行っているので、おいそれと早朝、深夜に電車を増発することはできない。それに比べると、バスの運行は比較的弾力的に運用できる。海外でも、空港アクセス鉄道が24時間運行している都市は稀で、鉄道の走らない深夜だけ空港バスが走るという例はローマやロンドンなどでも見ることはできる。

平成25年、東京都は交通機関を24時間運行化する検討に入ったが、都市交通のあり方を根本的な部分で変えない限り、現代の航空事情に、空港アクセス鉄道をうまく機能させることはできないだろう。

ところで、深夜運行の空港バスの話に戻るが、この便に使用されるバスは、夜行バス仕様などではない、通常の横2-2配列の座席である。狭い座席で一夜を明かすとなれば、旅行出発前に身体が疲れてしまうことも事実である。

そこで、LCCの早朝便利用に際し、成田空港周辺のホテルに1泊する利用者も増えている。従来、成田空港周辺のホテルといえば、北関東や甲信越地方などから、成田発アジア行き午前便に乗るために利用するなど、利用者は限られていた。当日に自宅を出発したのでは、成田発午前便に間に合わないという人たちの利用が多かったのである。宿泊料金も高く、およそ1泊1人につき1万円を切ることはなかった。

ところが、LCCの早朝便が飛ぶようになって、空港周辺のホテルにも変化が見られるようになった。早朝出発のLCC利用者を対象に、格安プランを出すようになったのだ。平成25年、私は成田発7時5分のLCC便に乗って成田から九州へと飛んだが、前日から成田空港周辺のホテルに泊まることとした。利用したのは成田ビューホテル。ネット予約で「朝6時30分までにチェックアウトする」という条件付きの格安プランである。妻と2人でツインルームを利用、宿泊費は5400円、1人分は2000円台であった。これならリーズナブルな価格である。ホテル~

2人1泊5400円（写真の部屋）。早朝便利用者のために格安プランが登場した成田空港周辺のホテル、玄関前に停車中なのが無料送迎バス

空港間の無料送迎バスもＬＣＣ早朝便に対応していて、我々は4時30分起床、ホテルを5時30分発の送迎バスに乗った。

ホテル側とすれば、早朝にチェックアウトしてくれるので、朝のうちに部屋の掃除などを済ませることができ、格安料金でも採算が合うのであろう。何よりも、ＬＣＣ運航で、部屋の稼働率は高くなったのではないかと思う。ＬＣＣが早朝便を飛ばすことは、成田空港周辺のホテルにとって、ひとつのビジネスチャンスであることは間違いないと思った。

たかだか東京から九州に飛ぶのに、成田で前泊とは大げさではないか？　と思う向きも多いと思う。しかし、ＬＣＣの初便はすべてといっていいほど、都心を始発の空港アクセス交通に乗車したのでは間に合わない時間に出発する。ＬＣＣのメリットといえば、航空運賃が安いこと、それに尽きると思うが、ＬＣＣの早朝便を利用するために、都心から深夜の東関東自動車道を成田空港へタクシーを利用するという人はいないだろう。仮にこのようなことをすると、成田空港までの交通費が、成田〜九州間を飛ぶ航空運賃の何倍にもなってしまう。すると、現在のところ、九州や北海道へ飛ぶ成田発早朝便を利用するには、成田空港周辺のホテルに前泊するというのが、最も現実的で、スマートな方法になる。

空港が遠いことはさまざまな歪みを生む

成田空港は都心から遠い空港というのは事実であり、これは、たとえ都心と成田空港を新幹線で結んでも、あるいはリニアモーターカーを走らせても、将来にわたって変わらないことである。現在でも成田空港は世界の主要空港の中で、中心地から最も遠い空港だが、日本の場合それだけではない。世界で最も遠い空港＋世界でも最も交通費の高額な国であるということも認識しなくてはならない。具体的にいうと、空港へのタクシー代が世界の中でも、突出して高くなるということだ。

こんな経験がある。アメリカから成田に向かう帰国便機内での出来事。隣の座席には外国人の男性が座っていた。彼はこれから成田空港で乗り継いでアジアの国に行く途中であった。日本へは成田空港で乗り継ぐだけで、いわば日本を素通りする乗客である。おそらく日本の土は踏んだことがないといった乗客であった。

そして、彼は機内誌をなんとなく読んではある部分に目がとまっていた。機内誌とは機内のシートポケットに入っている航空会社が発行している雑誌である。彼の目がとまっていたのは、その航空会社が就航する空港のアクセス交通をガイドするページで、そこには交通機関の種類、所要時間、運賃などが記されていた。それぞれが現地通貨で記されているので、彼は電卓で自国の通貨に換算しながら見ているのだが、その彼が私に質問を投げかけてきた。

「成田空港のタクシー代1万9000JPY（JPY＝日本円）というのは本当か?」「1900ではなく1万9000なのか?」というのである。当然答えはYesである。彼にとって日本は通過するだけの国なので、日本の予備知識がなかったのであろう。ただ成田空港への到着を前にして、機内誌の成田空港を紹介するページに目をやったのである。彼は日本円を自国通貨に換算したとき、この機内誌の表示は0をひとつ多くミスプリント、つまり、桁を多く表示してしまったのだと思ったに違いない。確かに日本円で1900円くらいが、アジアの国では空港〜市内間のタクシー代として標準であろう。ところが、その予測に反し、機内誌に間違いはなかった。私は日本人として、恥ずかしい思いで、彼にＹｅｓと答えたのを記憶している。

成田空港は都心から遠く、さらに、恥ずかしいくらいにタクシー代が高額になってしまうということ、そしてそんな国に住んでいることを我々はもっと自覚すべきであろう。と同時に、ならば、どんな場合においても、庶民がタクシーを利用しなくても事足りるような空港アクセスを整えるというのが、遠い空港を建設してしまった場合の、せめてものやるべきことではないかと思う。

こんな経験もある。以前、日本航空も就航していたブラジルのサンパウロ国際空港は、ヴィラコッポス空港といい、中心地から直線距離で78キロも離れているという、世界一遠い空港であった。さらに空港アクセス鉄道もなかった。さぞかし空港アクセス交通が不便であったように思われるが、実際はそうでもなかった。

この空港を発着する航空会社がバスをチャーターし、市内～空港間を運行。航空便利用者はこのバスを無料で利用することができた。なぜこんなにまで空港が遠かったかというと、市内に近いグアルーリョス空港が未拡張で、拡張工事が完成した暁には、国際線もグアルーリョス空港に移転予定だったのである。いわば、市内に近い新しい空港ができるまでの我慢ですから、という意味合いと、空港が遠いことへのお詫びも込めて無料バスを運行していたのである。しかし、当時のブラジルは世界でも最も債務超過の激しい国であった。そこで感じたのは、「空港が遠いということは恥ずかしいことなんだ」ということである。当時、日本は経済発展著しい「アジアの優等生」、ブラジルは借金だらけで「国が破綻している」という認識であったが、空港が遠いことへの思いは、ブラジルのほうが進んでいると感じたのである。

航空ファンが待望する京成電鉄駒井野駅

話はガラリと変わって、私は成田空港開港以来、ずいぶんと成田空港周辺で航空機の写真を撮ってきた。一応、成田空港のターミナルにも展望デッキがあり、そこからも撮影は可能であるが、空を飛んでいる機体などを撮影するには、やはり空港外周からになる。いくつかの撮影ポイントがあったが、その中に航空ファンから通称「16の丘」と呼ばれていた場所がある。この場所は滑走路16方向（方位を表す数字で１６０度の方向）を使用しているときに撮影できる場所で、具体的には南風が吹いているときに滑走路の北から南に向かって離着陸する機体になる。この場所は2本ある滑走路のうち、開港時からある４０００メートルのA滑走路北側になる。

ここは平成12年までは単なる空き地で、何の設備もなかったが、同年に成田市が「さくらの山公園」として整備。飛行機が眺められる公園として駐車場、トイレ、飲料の自動販売機、ベンチ

さくらの山公園は飛行機が眺められる公園として人気

などが造られ、花壇には花が植えられて家族やカップルが楽しめるようになった。開港から20年以上の間、ここは航空ファンのみが知り、空港反対派の集会日などには、ここにいると機動隊の職務質問を受けるような場所であった。それを考えると公園化されたことで航空機撮影の環境は格段に良くなった。

そこで、さらに欲をいえば、この公園へのアクセス方法の改善である。現在「さくらの山公園」へ行くには自家用車が唯一の手段といっていいだろう。公共の交通手段は、JR成田駅からJRバス関東の路線バスがあるが、最寄り停留所はかなり離れており、公園まで徒歩20分は要する。そこで提案したいのが、公園のすぐ横を走っている京成電鉄に駅を造ることはできないか、ということである。鉄道の駅を造るとなれば大掛かりな工事で、費用も莫大である。ダイヤも組み替えなければならないし、切符、駅の地図、運賃表など、何から何まで変えねばならず、簡単にできることではないことは承知の上である。駅を造るからにはそれ相応の利用者があって、鉄道会社は増収にならなければならない。

しかし、飛行機の眺められる公園は、千葉県にとっては大きな観光資源になるのではないかと思う。実は、日本の地方空港周辺にも飛行機が眺められることを謳い文句にしている公園は数多い。ただ、地方空港の場合、航空機の離着陸が1時間に1本もない空港が多く、やってくる航空会社も限られている。その点、成田空港ではひっきりなしに、しかも世界の航空会社がやってくる。近年は地方で町興しのためにと、とくに名産でもない名物料理を流行らせ、キャラクターの作者の出身地だといってはこれも観光資源化している。すると、成田空港規模の、世界でも主要な空港のそばに、飛行機が眺められる公園があるとなれば、おそらく世界中から航空ファンがやってくる名所になるのではないかと思う。私はあながち非現実的な話ではないと思っている。

実はこれに似た例はドイツのミュンヘンにある。ミュンヘン国際空港に通じるアクセス鉄道で、空港駅の1駅手前の駅は、Flughafen München Besucherpark（ミュンヘン空港見学者公園という意）という駅になっていて、近くに空港を見渡せる施設があるのだ。

日本一のミニ私鉄も走る

成田空港関連の鉄道としては、アクセス鉄道ではないものの、異色の鉄道会社も存在する。それが第三セクター芝山鉄道である。成田空港を頻繁に利用している、という人でも聞き馴染みのない鉄道かもしれない。この鉄道会社は全線で2・2キロしかない日本一運行距離の短いミニ私鉄で、従業員数もたった14人である。

京成電鉄が成田空港に運行した当初、空港駅は空港ターミナルから1キロほど離れた場所にあり、現在その駅は東成田という駅になっていることは前述の通りであるが、そこから先に線路は2・2キロ延びていて、終点の芝山千代田に達している。京成電鉄の京成成田から東成田に向かう列車は、そのほとんどが芝山鉄道に乗り入れて、芝山千代田に達するので、実質的には京成電鉄の延長部分であるが、東成田で鉄道会社が変わるので運賃も芝山鉄道分が加算される。芝山鉄道の車両も1編成4両があるが、京成電鉄からのリースで、運行・管理も京成電鉄に委託されている。

この鉄道の素性は、成田空港ができたことによって、騒音や、滑走路でその地域が分断されることへの補償となっていて、いわばその地域の迷惑への見返りといった経緯で誕生している。実はこれと同じような経緯で誕生している鉄道はほかにもある。たとえば、JR東日本の埼京線、大宮から出ている埼玉新都市交通（ニューシャトル）。これらは東北新幹線や上越新幹線の高架に寄り添うように走っているが、新幹線建設でその地域への騒音や地域分断といった迷惑への見返りという理由が発端になって誕生している。

建設経緯は別として、埼京線や埼玉新都市交通は地域にとって不可欠な交通手段となっており、埼京線などは混雑する路線の筆頭に挙げられる。では芝山鉄道はどうかと思い、乗車してみた。京成成田を出発したのは京成電鉄の6両編成の電車、私以外の乗客のほとんどは東成田で降りてしまい（といっても数人）、芝山鉄道区間に入ると乗客は私を含めてたった4人になった。

しかし、その4人の中には、カメラを手にしたおそらく鉄道ファンと思しき若者がいたので、地元客は2人ということになる。そして、乗客の代わりに乗車してきたのは警官2人、この芝山鉄道は成田空港の保安指定敷地内を走るため、警護のため乗車するのだという。私が乗車したのが土曜の昼間ということもあるだろうが、これでは採算どころではないと感じた。なにしろ乗客4人に対し、運転士、車掌、警官2人の計4人の職員が乗っている。電車が6両もつながっているのは、それだけの需要があるのではなく、京成電鉄の車両で、ここだけを走っているわけではないためだ。しかし、空港周辺には空港勤務者や空港関連のさまざまな企業が集中しており、朝

広い構内に人影なし。不気味な雰囲気だった東成田駅

秘密の通路のような存在の東成田駅と第２ターミナルの駅を結ぶ通路

夕は利用者が多いようである。東成田は地下駅だが、間もなく電車は地上に上がり、車窓には離陸する飛行機が眺められ、ほどなく終点の芝山千代田となる。
帰りに現在の東成田駅、つまり成田空港が開港した頃の京成電鉄成田空港駅に下車してみたが「これが日本の鉄道駅か」と思われるほどに荒れていた。長らく補修していないのか、壁は黒ずみ、暗い構内は不気味であった。ホームは2面あったが、使われているのは1面だけ、エスカレーターは下り用のものは使用されておらずカバーがかけられている。何より、広い構内に誰もいないので、怖さすら感じてしまう。さらに不気味さを象徴しているのが、必要最低限の設備しかないのに、監視カメラだけはちゃんと作動していることであった。これが平和な日本国内、しかも国際空港至近の場所なのかと考えさせられる光景である。これでは仮に空港に勤務していて、芝山千代田周辺に自宅があっても、この電車には乗りたくないとすら感じたものである。

東成田駅の改札を出ると、さらに摩訶不思議な光景となる。改札を出るとすぐに上りエスカレーターがあり、そこはかつて空港ターミナル行きの連絡バスが発着していた場所で「そうそう、よくここから海外旅行に行ったもの」と私は懐かしくなった。ところがそのエスカレーターを上っても、四方が厳重なフェンスで囲われていて、どこにも行くことができないのだ。ではどうやって空港方面に行くのか？　いくつかの方法がある。ひとつは第2ターミナルへの連絡通路を歩く方法で、５００メートルにわたって通路が設けられている。歩いてみたが、途中すれ違う人は1人もおらず、私の靴音だけが響いて、なんとも不気味。しかも「死角などまったくない」といわんばかりに等間隔の監視カメラがこちらを向いており、やりきれない気持ちになる。もうひとつは第5ゲートという出口から出る方法で、出口に検問がある。この検問所から各ターミナルに歩くことができるほか、近くにターミナル間連絡バスの「東成田駅」というバス停がある。

芝山鉄道は第三セクターであることはすでに述べたが、第三セクター鉄道として最初に頭に思い浮かべるのは旧国鉄やＪＲから切り離されたローカル線で、その場合、地方自治体や地元企業が出資するが、芝山鉄道では筆頭株主が成田国際空港となっている。

空港アクセス鉄道を東京への足とする試みも

成田空港では、空港アクセス鉄道が都心~空港間の移動手段としてだけではなく、地方と都心を結ぶ交通手段としても利用されていて、空港アクセス鉄道に接続するシャトルバスも運行されている。それが千葉交通の運行する「空港シャトル」である。千葉交通は千葉県成田市を拠点に路線バスや高速バスを運行するバス会社で、京成グループに属し、成田空港を発着する空港バスも数多く運行している。こんな千葉交通のバスだが、成田空港を発着するルートの中に、「空港シャトル」という路線がある。この名称からして空港アクセスバスと思えるが、「空港シャトル」の役割は航空旅客輸送が主目的ではない。成田空港と千葉県多古町《たこまち》や、成田空港と太平洋沿いの横芝光町《よこしばひかりまち》とを結んでいる路線バスである。これらの町には鉄道が通っていないので、成田空港駅までバスを利用、成田空港から空港アクセス鉄道で都心へ向かうというルートを形成している。

このルートを利用して、太平洋沿いの横芝光町から東京に向かう場合、検問がある成田空港を経由することになるので、バス会社では、成田空港まで乗車する場合は運転免許証など身分証明書の携帯を呼びかけている。また、前述の芝山鉄道を利用すれば成田空港まで行くことなく都心に向かうこともできる。横芝光町から成田空港へ向かう「空港シャトル」は芝山鉄道の芝山千代田駅にも停車するので、そこで鉄道に乗り換えるという方法である。

前項で紹介した芝山鉄道は全線でたった２・２キロのミニ私鉄だが、太平洋沿いの横芝光町方向への延伸が望まれていて、「空港シャトル」は芝山鉄道延伸連絡協議会によって運行されている。千葉交通は運行委託を受けているといった関係である。芝山鉄道は現状の全線２・２キロだけでは利用価値が低く、私が乗車した時も乗客が４人という状況であったが、延伸されれば利用者はかなり増えるのであろう。果たしてそれが鉄道運営として成り立つ数字になるかどうかは未知数であるが。

成田空港から横芝光町へ向かう「空港シャトル」は空港アクセスが目的ではない

しかし、成田空港は今後発着数増加などで、運航する航空会社が増え、利用者がさらに増えれば、関連施設もさらに充実させる必要があり、空港勤務者は増えるはずである。すると、需要があるようにも思われる。いずれにしても、空港ができ、そこに空港アクセス鉄道ができたというのを利用して、その鉄道を空港アクセスだけにとどまらず、あらゆる活用法を検討していくということは重要なことであろう。

大深度地下鉄で結ぶ「都心直結線」とは

こんな成田空港へのアクセス鉄道が、近年になって新たに検討されている。平成25年（2013）5月、政府は成田、羽田へのアクセス鉄道「都心直結線」を長期成長戦略に盛り込むことを決めた。

検討されているのは、東京都営地下鉄と京成電鉄の接点である押上《おしあげ》と、都営地下鉄浅草線と京浜急行電鉄（以下京急）の接点である泉岳寺《せんがくじ》を「大深度地下鉄」で結び、途中に新東京駅を設けるというものである。これにより新東京駅～成田空港間が36分、東京駅～羽田空港間が18～19分、両空港間が59分で結ばれるというのである。総事業費4000億円、2020年代半ばの完成を目指すという。「大深度地下鉄」という聞き慣れない言葉が出てきたが、これは地表から40メートル以上深くに建設する地下鉄で、用地買収が不要になるというメリットがある。

ちなみに、東京都営地下鉄大江戸線六本木駅のホームは深さ42メートルにあり、大深度地下鉄ともいえそうだが、線路は40メートル以下の深さで掘っても駅はそういうわけにはいかない。つまり、検討されている路線は新東京駅以外に駅は設けないという前提での話である。

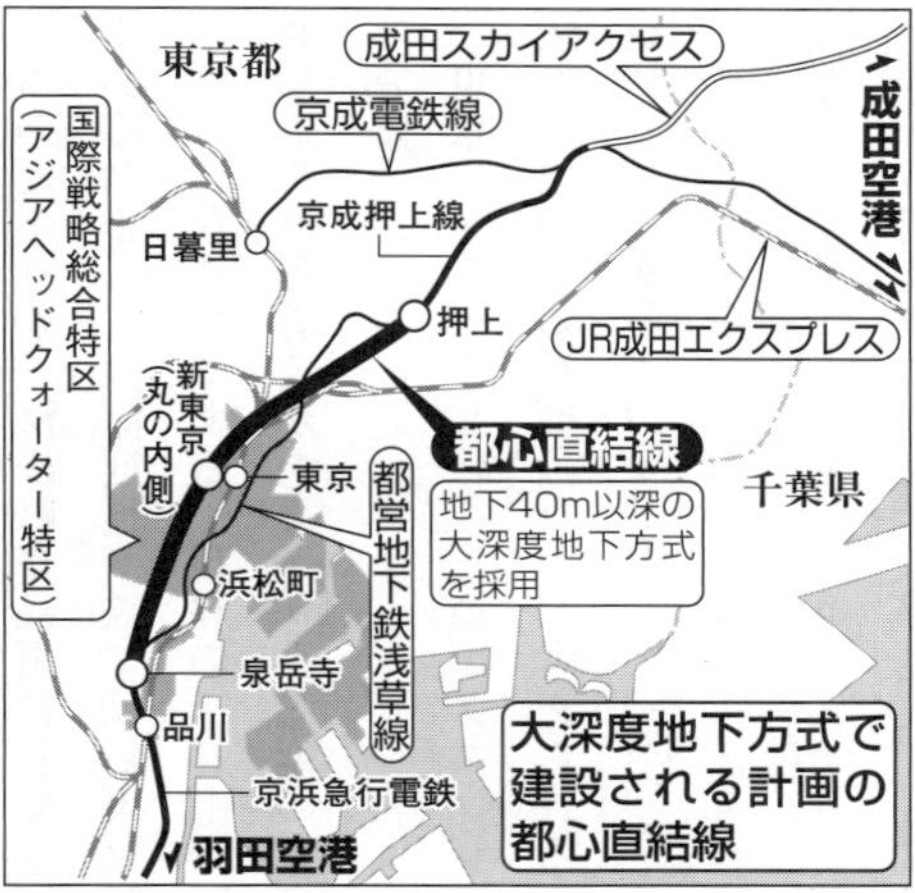

この計画のメリットは、なんといっても大深度地下鉄方式ということで、用地買収が不要なことから、技術的な問題さえクリアすれば、すぐにも建設が進められることであろう。今までの鉄道建設を巡っては、用地買収に最も時間と費用がかかっているケースが多く、その用地買収が不要というのは大きなメリットであることは間違いないであろう。

通常の地下鉄は用地買収を楽にするためもあり、基本的には公共の道路の真下を走っていて、方向を変えるときは直角に近い急カーブになってしまう。しかし、大深度地下鉄では、公共の道路に沿う必要がないため、目的地に向かって一直線に掘ることができ、カーブのない路線となり、時速１００キロ以上の高速運転が可能で、この計画でも日本の在来線最速の時速１６０キロ運転を視野に入れている。

しかし、この計画が実現したとして、どれほどの利便性があるかは疑問である。まず京成上野や日暮里だと非常に不便で、東京駅なら非常に便利ということになるのだろうか。浜松町や品川にしても同様である。それは住んでいる地域によって異なることである。まして大深度地下鉄では新東京駅といっても、東京駅と同じ場所にあるというだけで地下深くになるのである。現在のJR上野駅から京成上野駅まではいったん駅の外に出て道路の横断歩道を渡る必要があるが、大深度の東京駅となると、それ以上の乗り換えの手間が必要となるであろう。

東京駅からはJRの「成田エクスプレス」も出ており、なにも複数の空港アクセス列車が同じ駅から出発する必要はないと考えられる。まして今回の計画では、新たに駅が設けられるのは東京駅だけである。つまり都心のいろいろなところで客を拾って空港に達するという視点はない。

私は以前から、「京成は上野か日暮里だから」というセリフを口にする人が多いのはなぜだろうと感じている。東京の人口の多くが東京駅周辺に集中しているならまだしも、すべての路線が東京駅に集中しているわけでもない。上野や日暮里にもかなりの路線が通っていて、周辺からの利便性にさほどの差はないと感じている。すると、おそらく東京駅に比べて、上野や日暮里のイメージが良くないということであろうか。だとしたら、上野や日暮里の再開発にでも力を注いだほうがいいのではないかと感じている。同じJR山手線沿線でも、恵比寿や大崎は再開発が進み、かなりイメージが変わった。ならば、上野や日暮里は成田空港から1本でアクセスできることを生かした街造りはできないものだろうか。浜松町や品川に関しても同じである。「上野や日暮里は見どころが少ない」などという人もいるかもしれないが、そういう意味とはニュアンスが違う。たとえば海外では空港からのアクセスがいい場所に、観光客、とくにバックパッカーなどが多く集うゲストハウスや旅行会社が集中しているエリアがあるが、東京にはそういったエリアがない。そういった街造りもひとつの方向であろう。かつて秋葉原は電気街として知られていたが、それのゲストハウス、旅行会社版である。

建設費用対時間短縮効果にも疑問があり、成田空港や羽田空港が劇的に近くなるわけではない。ましてこの路線ができたことで運賃が上がれば、利用者の多くは「格安バスのほうがいい」となってしまうであろう。京成電鉄や京急が自ら大深度地下鉄を建設するとは考えられず、実現のためには大深度地下鉄部分は別会社となるだろう。建設費償還のためには割高な運賃が必要になるはずだ。

ひとつのポイントとなるのは、京成電鉄や京急はどう思っているかである。私鉄ゆえに採算性のない事業は行わないはずである。ただし、空港アクセスではなく、通勤時のラッシュ対策として行うのであれば話は別であるが。

成田空港へのアクセス時間短縮を検討するのであれば、鉄道でいえば改札口を出てすぐ、空港バスの場合は空港敷地内に入る時点で検問があるが、この検問を廃止したほうがはるかに費用もかからず時間短縮効果があるだろう。セキュリティに関しては、ほかの方法はたくさんあるはずである。

次に、この「空港直結線」には成田空港と羽田空港、両空港間の所要時間を短縮するという役割があるようだが、そういった需要がどれだけあるだろう。そもそも羽田空港から成田空港（またはその逆）に移動しなければならないというのが間違いだし、羽田空港の再国際化で、今後は羽田発着の国際線はさらに増えるであろう。一方、成田空港発着の国内線も着実に増えている。つまり羽田空港〜成田空港間を移動しなければならないケースは減っているのである。近い将来、スカイマークは国際線進出を計画しているが、現在同社が成田発着の国内線に力を入れているのは、国際線への乗り継ぎも視野に入れての準備を兼ねているのである。

さらに、地方空港から海外へ行くとしよう。国内線で羽田空港へ出て、成田空港から国際線で飛ぶ場合、羽田空港でいったん荷物を受け取り、自力で成田空港まで荷物を運ばなければならない。一方、地方空港には、韓国、中国、台湾の航空会社が数多く乗り入れていて、ソウル、上海、台北などを中継地に海外へ向かう人が多いが、このようなルートなら地方空港で預けた荷物は目的地まで運んでもらえる。運賃もこれらのルートを使ったほうがはるかに安いし、ソウルなどを海外へのゲートウェイ（中継地）としたほうが就航都市も成田よりずっと多い。不便な東京を中継点にする必要など何も残っていないのである。

世界の各空港では乗り換え時に必要な最低接続時間（MCT＝Minimum Connecting Time）が決まっていて、羽田と成田相互間の乗り換えには3時間30分が必要になっているが、この計画では、このMCT自体を改めるのであろうか。接続時間が変わらない限り、全体の利便性など何も変わらない。

現在、両空港間は東京空港交通のバスが結んでいて、所要時間65分から80分だが、4000億円かけてその所要時間を59分に縮めてどういう意味があるのか理解に苦しむ。

目を世界に転じてみても、中心地〜空港間の高速列車は世界に数多いが、空港と空港を結ぶ高速鉄道はない。個々の空港を便利にするのが焦点で、空港間を移動して乗り換えなければならないというのは、世界的には論外な話なのである。異なる空港同士を高速鉄道で結んで「乗り換えが便利になりました」というのは、世界から見れば笑い話にもならないレベルである。

唯一、上海ではリニアモーターカーが浦東《プートン》国際空港へ達しているが、中心地を貫通して虹橋《ホンチャオ》国際空港へ結び、両空港間を結ぶ計画がある。しかし中心部の工事が難しく実現には向かっていない。おそらく中国としても、用地買収や技術的問題よりも、両空港間を結ぶ必要性を感じなくなっているのではないかと思われ、現在は虹橋空港ではなく、杭州に延長する計画が浮上している。

また、ソウルの空港アクセス鉄道を見てみよう。この鉄道はソウル駅～金浦《ギンポ》国際空港（主に国内線）～仁川《インチョン》国際空港というルートで運行していて、日本から見れば、東京でやりたいことをいち早く完成させたように見える。空港以外にも駅があり、通勤路線を兼ねていて、空港特急と通勤用の各駅停車が運転されているが、空港特急はソウル駅～仁川国際空港間ノンストップ運行し、なんと金浦国際空港には停まらない。日本から見ると「なぜ停まらないのだろう」と思うだろうが、これは利用実態に即した運行で、空港間移動に需要があると思っている日本のほうがおかしいのである。

何よりも困るのが、片や羽田は再国際化、成田は国内線も多く受け入れ、一方で、羽田と成田のアクセスを良くする鉄道も欲しいというのでは、「成田と羽田の一体運用」といいながら、やっていることはバラバラに思われる。

実は、羽田空港～東京駅～成田空港間のリニアモーターカー建設計画があり、それが、少し現実的な方向となって具体化したのが「都心直結線」だとは思う。しかし、全体的な交通体系を考えると、両空港を高速で結ぶ意味はあまりない。

ＬＣＣや格安バスが成功を収めつつあるが、これらが成功している理由に、運賃の決め方がある。従来の交通機関は建設費、維持管理費、燃料費、人件費をプラスし、それに利益分を上乗せして運賃が決まっていた。しかし、ＬＣＣや格安バスでは、先に運賃相場を検討し、このくらいの運賃なら需要開拓ができるということで価格を設定、その価格を実現させるにはどうすればいいかという順番で検討がされる。

大深度地下鉄も、空港への時間短縮という観点からは実現してほしいが、運賃のことも見据えたうえで、計画を実行してもらいたいものである。近隣国の空港アクセス交通と日本のそれを比べると、日本の交通費は極端に高く、今以上に運賃水準が上がることは、国際交流を多くする観点から考えても、許されないことではないかと感じている。

東京国際空港（羽田空港）

【空港コード】ＨＮＤ
【年間利用者数】６６８０万人（平成24年〈２０１２〉）
【所在地】東京都大田区
【東京駅からの直線距離】15キロ
【滑走路】３０００メートル×2、２５００メートル×2
【空港アクセス鉄道】東京モノレール、京浜急行電鉄
【空港アクセス鉄道の運賃】浜松町～羽田空港間運賃４７０円、品川～羽田空港間運賃４００円
【空港アクセス鉄道の所要時間（最速）】浜松町～羽田空港間「空港快速」20分、品川～羽田空港間「エアポート快特」16分
【空港アクセス鉄道開業日】東京モノレール＝昭和39年（１９６４）9月、京浜急行電鉄＝平成10年11月
【空港開港日】昭和6年8月（東京飛行場として）

日本一の利用者を抱える空港

羽田空港は年間利用者数が６６８０万人。意外かもしれないが、成田空港の２倍以上の利用者があり、ダントツで日本一利用者の多い空港である。成田空港には世界中の航空会社が集まるものの、日本の航空需要は国内線のほうが旺盛で、利用者数から見ると国内線が主になる羽田空港のほうがずっと数は多くなる。そのため、成田空港の滑走路が２本なのに対し、羽田空港には４本の滑走路があり、ターミナルビルも国内線に２カ所、さらに国際線ターミナルと、３つの大きなターミナルビルがある。滑走路が４本あり、海側の滑走路に関していえば早朝・深夜も発着可能となっている。

羽田空港は、成田空港が開港した昭和53年（１９７８）以降、長らく国内線専用の空港として推移してきた。例外としては台湾の中華航空（現在はチャイナエアラインと呼称）のみ、成田空港開港後も羽田空港発着として残ってはいたが。これは成田空港に中国本土の航空会社が発着しているため、政治的判断で羽田発着としていたのである。しかし、台湾絡み以外では国際線を受け入れていなかった。

その基本姿勢に変化が出るのが日韓共催のサッカー・ワールドカップが行われた平成14年（２

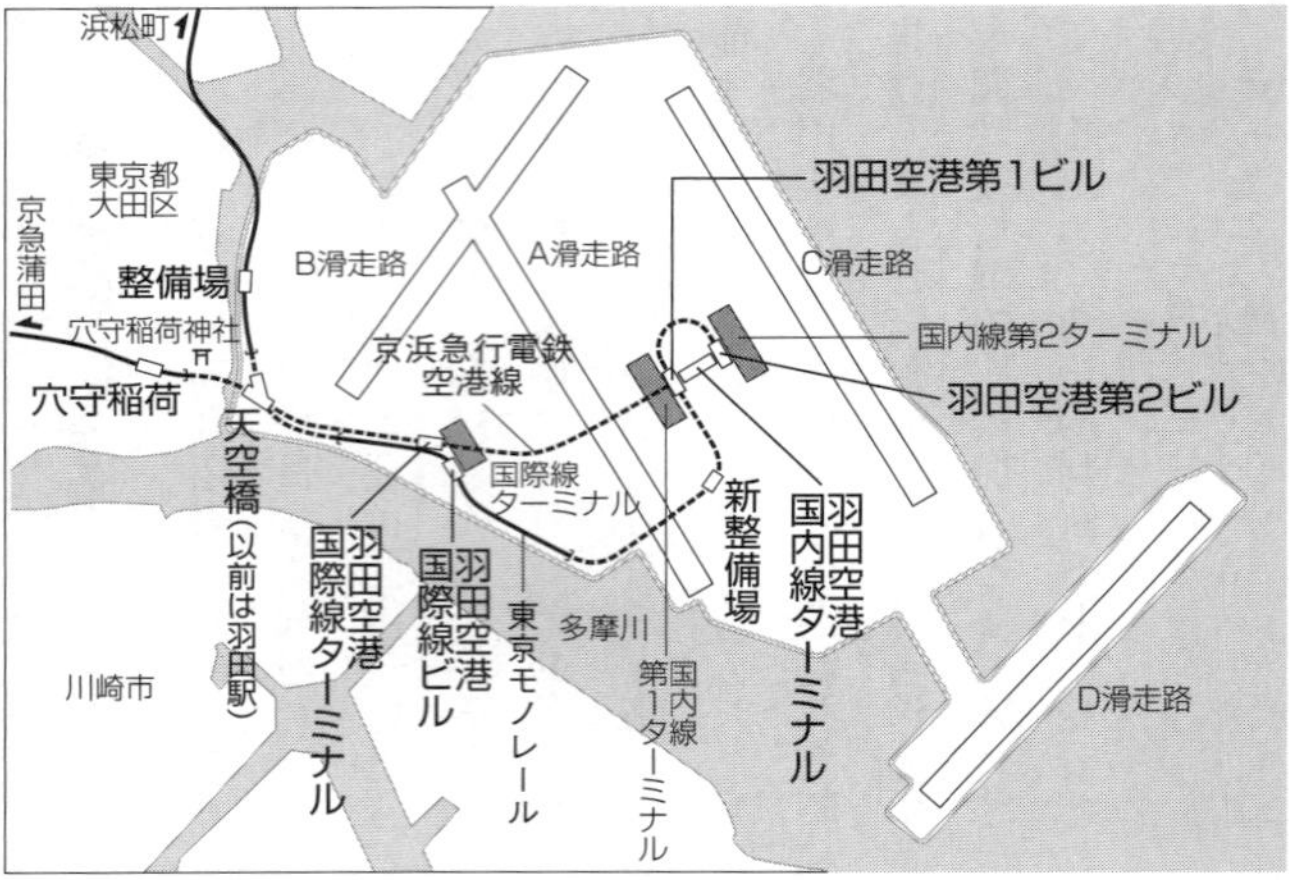

００２）で、このW杯を契機に、羽田空港発着の国際線チャーター便が運航されるようになり、平成15年には「定期チャーター」という形で日韓便が毎日運航されるようになった。「定期チャーター」という、矛盾するような言葉であるが、乗客の半数以上が団体客であることを条件としたもので、実質的には定期便であった。当時はまだ、国の基本姿勢として羽田空港は国内線という形を崩していなかったので、その姿勢に配慮した運航であった。

　しかし、平成22年にはアジア近隣国行き国際線、そして深夜発着に関しては長距離国際線も正式に認められ、現在の国際線ターミナルが完成している。それまで国際線は成田、国内線は羽田という大枠があったが、韓国、中国、台湾など近隣国際線は国内線と距離があまり変わらないという理由で、また、成田空港は深夜・早朝は運用できないので、その成田空港が空白の時間帯に限っては、羽田空港を大いに活用しようということになったのである。成田・羽田の一体運用という大義名分のもとに、「羽田空港再国際化」が推し進められたのである。それ以降、ツアーのパンフレットなどでも「羽田発着」は、従来の成田発着より人気商品となる傾向となった。

一方で、人気空港ゆえに問題も多い。それは4本の滑走路を駆使しても、発着枠が満杯であるということである。日本の国内線には年間利用者数が100万人を超える路線が19路線あるが（平成23年）、そのうち15路線が羽田発着路線、つまり、羽田とどこかを結ぶ路線で占められている。順位でいうと1位から8位までが羽田発着路線で、羽田発着以外の路線で利用者数が最も多かったのは福岡～那覇間の9位である。

この結果からもわかるように、日本の国内線需要は羽田に集中しており、航空各社からすると、稼げる路線は羽田発着路線になり、その結果、発着枠が満杯ということになる。現在は航空事業の自由化が進み、航空会社は路線参入、運賃設定などは独自の判断で行えるようになっているが、日本の国内線航空事業で、唯一国土交通省の裁量に委ねられているのが、羽田と成田への発着枠配分といわれている。発着枠が増えるたびに、日本航空に何便、ＡＮＡに何便、その他新規参入航空会社に何便と振り分けられるのである。そして、その配分された数が、その後の航空会社の経営に大きく関わってくる。

このように、航空各社にとって羽田空港発着の新規路線を開設するというのは容易なことではない。一方で、地方空港では逆になり、航空会社に来てもらいたいという状態である。たとえば、羽田～青森間を開設するのは容易ではなく、そのためには新たな羽田発着枠の配分を待つか、自社の他の便を削る必要がある。しかし、青森～高松間を開設するとなれば、おそらくすぐにでも飛べるであろう。ただし、飛ばすに見合う需要はないということになる。

平成24年からは日本の国内線にも本格的なLCCが就航した。しかし、ジェットスター・ジャパン、エアアジア・ジャパンの東京発着便はすべて成田発着である。またそれ以前からスカイマークも成田発着便に力を注ぐようになっていた。これらの便はなぜ成田発着になったかというと、本来、利用者の利便を考えると、羽田発着が好ましい。しかし、発着枠が満杯であることから、東京の運航拠点として比較的発着枠にゆとりのあった成田を選んだのである。実際問題、新規参入航空会社でも、羽田発着枠を1日1～2便配分してもらうことは可能であったであろう。しかしわずかな発着枠をもらっても、事業としては成り立たない。航空会社は、混雑する羽田空港を嫌ったということになる。

また、世間一般的には「遠い成田、便利な羽田」ということになってはいるが、距離的には羽田は近くても、交通費では変わらなくなっているという事実もある。たとえば、東京駅からは成田空港へ京成バスをはじめとする「東京シャトル」が30分に１本の割合で運行されていて、運賃９００円だが、東京駅から羽田空港への東京空港交通も運賃は９００円で同じある。距離は近くても交通費の面では何ら変わりはなくなっている。

こんな羽田空港、空港アクセス鉄道としては東京モノレールと京急の２社が乗り入れている。一見、空港アクセス鉄道は整っているかにも思えるが、現在は深夜に発着する国際線があるものの、それらの便には鉄道アクセスは関わっておらず、完璧とはいえない状態である。その辺りも踏まえて空港アクセス鉄道を探ってみたい。

東京モノレールはオリンピックに合わせて開業した

日本で初めて空港に、鉄道などの時間に正確な交通機関が乗り入れたのは、昭和39年（１９６４）に開業した東京モノレールであった。また、それまで日本には動物園などの乗物としてはモノレールがあったが、本格的な交通機関としては初のモノレールであった。「空港アクセス」「モノレール」と初めてづくしの開業であったのだ。この年の９月に開業しているが、翌10月には東京でアジア初のオリンピックが開催されており、日本がまさに高度経済成長期で発展を遂げようとしていたときの大きなイベントであった。昭和39年の東京オリンピック開催を機に東海道新幹線、東京モノレール、首都高速道路などが開業している。

どこの国でもそうだが、オリンピック開催はその国のインフラを整備するいい機会になっている。札幌オリンピックでは札幌市営地下鉄、長野オリンピックでは長野新幹線が開業した。海外に目を転じても、北京オリンピックに合わせて北京・首都空港へのアクセス鉄道が開業、ミュンヘンオリンピックに合わせて郊外電車が整備されたが、その電車は当初「オリンピック電車」と呼ばれていた。アテネの新空港もオリンピックに向けて建設された。メキシコシティでもオリンピックに合わせて地下鉄が整備されるはずだったが、工事が遅れ、開業したのはオリンピック開催の翌年だった。これはお国柄であろうか。

記憶に新しいところでは、成田空港のB滑走路は日韓共催のW杯に間に合わせるように運用を開始している。南アフリカ共和国では、W杯大会開催に合わせて、この国の玄関となるヨハネスブルクの空港にアクセス鉄道が開業している。

日本では、昭和39年とはどういう年であったかというと、まだまだ航空機は庶民には縁遠い乗物で、東京から北海道でも九州でも、当時の国鉄の列車を利用するのが当たり前。空路を利用できるのはごく限られた層であった。関西へ行くのも1日がかり、北海道や九州へは1晩2晩かけての行程が当たり前であった。

では海外旅行はどうであったかというと、「一生に一度行けるかどうか」という時代であった。それでも、昭和39年は海外旅行にとってはあるターニングポイントの年であった。その頃、日本発の国際線航空運賃は、日本円ではなく外貨建てであった。アジアやアメリカ方面へは米ドル、ヨーロッパへは英ポンド建てで定められていた。その頃の日本円は、世界的に見るとまだまだローカルな通貨で、航空会社としては信用ある通貨しか受け付けなかったのである。たとえ日本航空の航空券でも国際線購入には外貨が必要だった。ところが、戦後の日本には外貨が少なく、一般庶民が観光旅行目的に外貨を購入することが許可されていなかった。これでは事実上海外旅行は不可能だ。これが緩和されたのが昭和39年なのである。それまでは日本人の海外渡航というのは、かなり特殊なことであったのである。

翌昭和40年には日本で初めて団体包括運賃という、宿泊や観光をセットにして売るための国際線割引運賃が登場し、日本航空の旅行パッケージ「ジャルパック」が誕生している。当時一般的なハワイ旅行が約50万円、現在の価値に換算すると約３００万円で、庶民の手に届くものではなかった。しかし、着実に航空旅客は増え始めていた。そんな年に東京モノレールは開業している。

浜松町～羽田空港間1600円!?

東京モノレールには、開業当初は浜松町～羽田空港間に駅はなく、いわばモノレール利用者は全員が航空旅客、もしくは送迎者だった。当時国鉄の初乗り運賃が20円。そんな時代にモノレールの運賃は250円もした。現在、山手線の初乗りが130円ということを考えると、現在の感覚でいえば浜松町～羽田空港間が約1600円だったことになる。当時はそれだけ飛行機に乗るのは特別な時代だった。現在でも発展途上国に行くと、庶民の足となる交通機関と空港へ行く交通機関の運賃に大きな開きがあるが、当時は日本もそうだったのである。

起点がなぜ浜松町になったかというと、本来、新橋～羽田空港間の計画だったが、用地確保ができず、仕方なく浜松町になったという経緯がある。当時の浜松町はこれといって何もないところで、駅前の世界貿易センタービルが建ったのはモノレール開業から6年後の昭和45年のことである。

現在の東京モノレールはJR東日本グループだが、開業当初はこのモノレールを建設した日立製作所が運営していて、会社名も昭和42年からは日立運輸東京モノレールであった。日立は現在でもモノレールメーカーのトップ企業で、大阪、北九州、那覇、犬山（現在はない）などのモノ

東京モノレールは景色がいいことから、アクセス交通としてモノレールを好む人も多い

レールも手掛けているほか、重慶、シンガポール、クアラルンプールなどのモノレールも日立製作所のシステムで、これらのモノレールも東京モノレールを基礎としている。モノレールには跨座《こざ》式と懸垂《けんすい》式があるが、これらはすべて跨座式という、案内軌条（コンクリート製の軌道）の上に車両が跨がっているようなスタイルである。もともとはドイツで発案されたシステムであるが、そのシステムを輸入したという経緯がある。

東京モノレールの役割が変わってくるのは１９８０年代からで、沿線の臨海地帯にも高層住宅が建つようになり、モノレール沿線が住宅地となっていき、駅も増え、モノレールで通勤するという需要が高まっていくのである。

京急の羽田空港駅は昭和31年から存在した

平成10年（1998）には京急も羽田空港に乗り入れ、羽田空港は東京モノレールと京急2社が乗り入れる空港となり、それ以降この2社の競争は激しくなる。ここでは京急が乗り入れる以前の話もしておこう。

実は京急には以前から「羽田空港」という駅はあり、穴守線（現在の空港線）は昭和31年（1956）に羽田空港に達している。しかし、この羽田空港駅は現在の穴守稲荷駅と天空橋駅の間にあった。その頃の羽田空港は、現在の羽田空港国際線ターミナルがある場所に、国内線と国際線それぞれのターミナルが隣接して建っていた。昭和31年に京急の穴守線が羽田空港駅まで達したといっても、駅とその頃の羽田空港の間は、大きな荷物を持って歩ける距離ではなかった。そのため羽田空港を利用する人が京急の羽田空港駅に降り立つことはなく、私も空港に行くときに京急を利用したことはなかった。「そういえばそうだった」と記憶のある方も多いのではないだろうか。

今考えてみると、「空港駅」なのに空港への交通手段に使えないというのは妙な話だが、当時は空港と鉄道は別世界の存在だったので、誰もあまり不思議には思わなかった時代なのである。穴

羽田空港に京急が乗り入れたことでモノレールと競合することに

守線の由来としては、穴守稲荷神社への参拝客輸送が目的だったためで、当時の鉄道は庶民的な目的で造られており、国際空港と鉄道は縁遠い存在であった。

たとえていうと、富士急行の旧富士吉田駅は、現在「富士山」という駅名であるが、だからといって、この駅から歩いて富士山に登れるなどと思う人はいないであろう。同じように、当時は「羽田空港」という駅があっても、そこから歩いて空港に行けるとは思われなかったのである。鉄道駅は庶民の施設、対する空港は敷居の高い場所とされていた。

これは現在でも、発展途上国を訪れると感じることが多々ある。空港のすぐそばを鉄道が走っているのに、鉄道は空港アクセスをまったく意識していない。地図で見ると「どうしてだろう」と思ってしまうが、実際その土地を訪ねてみると、鉄道は庶民の乗物で、そこに外国人がスーツケースを携えて乗車するのはどう考えても場違い、という光景を目にし、納得してしまう。当時日本もそうだったのであろう。

しかし、京急は昭和38年に穴守線を空港線と改称している。さらに平成3年に穴守稲荷~羽田空港間を運行休止にして、2年かけて地下化を行い、平成5年に運行を再開。東京モノレールと接続する羽田駅（現在の天空橋駅）が開業した。これは羽田空港乗り入れへの準備工事であった。

羽田空港のターミナルは沖合展開計画から平成5年に現在の国内線第1ターミナルの場所に移転している。平成10年には羽田空港駅（現在の羽田空港国内線ターミナル駅）が開業、羽田駅は天空橋駅と改称された。京急は羽田空港の現在のターミナルが完成して5年後に空港乗り入れを果たしている。

京急と東京モノレール、どっちがお得か？

京急の羽田空港乗り入れ後は東京モノレールと京急は空港アクセス鉄道としてライバル同士の関係になり、競争が激しくなった。東京モノレールはいわゆるモノレールなので他線への乗り入れはできず、利用者のほとんどは浜松町を起点とする必要がある。その点、京急は京急蒲田から、横浜、逗子方向にも運転できるほか、都営地下鉄浅草線との相互乗り入れで、都心からの直通も

羽田空港から山手線各駅までが500円に割り引かれる「モノレール＆山手線内割引きっぷ」

可能である。やはり特殊な構造のモノレールに対して、通常の鉄道が空港に乗り入れる効果は大きかった。運賃は東京モノレールの浜松町～羽田空港間４７０円に対し、京急は品川～羽田空港間４００円。しかし、利用者のほとんどは浜松町や品川まで他の交通機関を利用するわけで、４７０円と４００円を単純に比較するわけにはいかず、互角といえば互角であった。

　国鉄時代は山手線と京浜東北線の全列車が停車していた浜松町だが、昭和63年（１９８８）に京浜東北線の快速運転が始まり、浜松町は通過になってしまっていた。モノレール利用者には不便な状況になっていた。ところが平成14年（２００２）、羽田空港への空港アクセスを運行する京急とモノレールの構図に変化が出てくる。東京モノレールがＪＲ東日本グループとなり、京急の羽田空港乗り入れ以来、ネットワークなどでやや不利だった東京モノレールがＪＲ東日本のネットワークをうまく利用できるようになり、巻き返しを図るのである。

　ＪＲも東京モノレールを系列にしたかと思うと、掌《てのひら》を返したように扱いが違ってきて、それまで京浜東北線の快速は浜松町を通過していたが、快速が浜松町に停車するようになった。翌15年には東京近郊のＪＲ路線が乗り放題になる「ホリデー・パス」（現在は「休日おでかけパス」）でも東京モノレールが利用できるようになった。

土・日曜・祝日などには、羽田空港から東京モノレールと浜松町から山手線の各駅までがセットになった「モノレール&山手線内割引きっぷ」が500円で発売されるようになり、私も山手線では池袋駅が自宅最寄り駅になるので、何度か利用している。この切符がなければ京急のほうが割安なのだが、この割引切符があると東京モノレールのほうが安くなるという人は多いのではないだろうか。ただし、この割引切符は羽田空港から都心方向へは利用できるが、都心から羽田空港への設定はない。

東京西部では現在も京急利用が有利であるが、東京東部や北部からは東京モノレール利用と京急利用の利便性は互角であり、競争が過熱している。東京モノレールには「東京モノレール沿線お散歩１ｄａｙパス」という1日乗車券もあり、羽田空港から日帰り出張などをする人にはお得であろう。私も羽田空港に飛行機撮影に行く場合は当然日帰りなので、この1日乗車券を利用している。

京急とモノレールの競争はヒートアップしているようで、新千歳空港や福岡空港ほか、日本の地方空港の多くで、出発ロビーに東京モノレールと京急の券売機がある。飛行機に乗る前から到着した空港でのアクセス交通機関の切符を販売しているわけで、このような例は世界的にも珍しいのではないだろうか。

モノレールと京急では対照的なルート

羽田空港は近年まで徐々に海側へ海側へと施設を移転してきた経緯がある。平成５年（１９９３）、前述したように沖合展開事業の大きな節目として、旅客ターミナルビルを、現在の国際線ターミナルのある場所から、現在の国内線第１ターミナルのある場所に移転している。滑走路を挟んで反対側に移転したわけで、大掛かりな移転であった。これが「ビッグバード」と呼ばれるようになった新しい国内線ターミナルで、当初はここに日本航空系列、ＡＮＡ系列など、すべての国内線が発着していた。平成16年には、もうひとつの国内線ターミナルが、さらに海側に完成し、これが国内線第２ターミナルとなった。平成５年にできたターミナルが国内線第１ターミナルとなって、主に日本航空系列が発着、平成16年にできたターミナルは国内線第２ターミナルとなって、主にＡＮＡ系列が発着するようになった。それまでは国内線・国際線ともに、現在の国際線ターミナルがあった場所だけで賄っていたわけで、航空便の増加には目を見張るものがある。平成22年には羽田空港の再国際化があり、現在の国際線ターミナルが完成し、今に至っているが、国際線ターミナルはさらに拡張中である。

このように羽田空港には国内線第1ターミナル、国内線第2ターミナル、国際線ターミナルと3つのターミナルがあり、それぞれのターミナル間は無料連絡バスで結ばれている。位置関係は、国内線の2つのターミナルは向かい合っていて、通常は無料連絡バスを利用するが、歩こうと思えば歩ける距離しか離れておらず、連絡する歩道も存在する。

一方、国際線ターミナルはA滑走路を挟んだ反対側にあり、国内線両ターミナルからは遠く離れている。それでは、アクセス鉄道はそれぞれのターミナルにどのように乗り入れたのであろうか。東京モノレールと京急では乗り入れスタイルがかなり違っている。

東京モノレールには浜松町寄りから「羽田空港国際線ビル」「新整備場」「羽田空港第1ビル」「羽田空港第2ビル」と、空港エリアだけで4つの駅があり、新整備場は主に空港勤務者が利用する駅。空港の敷地をS字状に回って3つのターミナルに丹念に停車する。国内線の2つのターミナルでは地下に発着するが、国際線ターミナルでは出発階と同じレベルにホームがある。浜松町から羽田空港国際線ビルに到着すると、ホーム、改札、国際線の搭乗手続きカウンターへと段差なくアクセスできるというのが東京モノレールの自慢で、事実ここのアプローチ部分は、利用者に評判がいい。

一方、京急には品川寄りから「羽田空港国際線ターミナル」「羽田空港国内線ターミナル」の2駅しかない。地図で見ると一目瞭然だが、東京モノレールが滑走路を避けるようにして各ターミナルを丹念に回っているのに対し、京急は羽田空港を串刺しにするように走っていて、滑走路の真下を貫通するように一直線に空港へと通じている。羽田空港国内線ターミナルの駅では、ホームの西側の改札を出ると国内線第1ターミナル、ホームの東側の改札を出ると国内線第2ターミナルという構造になっている。

成田空港、関西空港でも2社の鉄道が乗り入れているが、空港までの経路は違っても、空港近辺では同じ施設を共用するなど、並行して走っている。それに比べて羽田空港では東京モノレールと京急は並走することはおろか、まったく異なるルート、そして対照的な方法で乗り入れているというのが興味深い。

ところで、京急と東京モノレール、いろいろなサービスで対抗するのはいいのだが、国際線ターミナルに隣接する駅名が、京急では「羽田空港国際線ターミナル」、東京モノレールでは「羽田空港国際線ビル」と、同じ場所であるにもかかわらず、微妙に異なる。また、国内線ターミナルでも、京急が「ターミナル」としているのに対し、東京モノレールでは「ビル」と表現している。

しかし、両者で微妙に異なっていたからといって利用者には何の利益もない。まったくの「くだらない話」である。ぜひ統一してもらいたいものである。

いったん改札を出ると安くなる

京急の品川〜羽田空港間の運賃400円は、人によって高いと思う人と安いと思う人に分かれるのではないだろうか。都内から空港バスなどを利用している人には「電車は座れる保証はないが運賃は安い」と感じるだろうし、普段京急に乗り慣れている人には「なぜか空港行きは高い」と感じるのではないだろうか。

これは「そう感じる」といった曖昧なものではなく、事実で、きちんとした数字で示せる理由がある。京急で品川から22・2キロ離れた横浜までの運賃は290円なのに対し、品川から14・5キロしか離れていない羽田空港までが400円となっているのである。普段京急に乗り慣れている人からすれば「400円分も乗ったかな〜?」と感じてしまうのは無理もない話である。

ここで「鉄道の運賃は距離によって決められているのではないの?」と思う人も多いだろう。答えはイエスで、鉄道の運賃はその会社ごとであるが、距離によって決められている。しかし、例外もある。実はここに挙げた2区間の例は2例とも例外に相当する。京急の運賃では、品川から横浜までの22・2キロであれば300円が本来の距離相応額、品川～羽田空港間の14・5キロなら230円が本来の距離相応額で、確かに品川から横浜が300円で、羽田空港が230円なら違和感はない。ではどうしてこの額にならないのだろうか。

まず品川～横浜間はJR東海道本線との競合から本来の距離相応額300円から10円を引いた290円に設定している。競争相手のJRの品川～横浜間は280円で、それに対抗している。

実はJRもこの区間は本来の距離相応の運賃より割り引かれていて、本来なら品川～横浜間はJRの運賃からすると380円でなければならないので、100円も割り引いている。鉄道の運賃は本来、距離によってわかりやすくできているはず。しかし、このような例は全国あちこちにあるといってよく、鉄道の運賃は、少なくとも同じ会社内では「平等」と思っている人が多いと思うが、そうでもないのである。そしてこのような運賃を「特定区間の運賃」などと呼んでいる。

それでは品川～羽田空港間のように、本来の距離相応の額より高くなるのはなぜであろうか。京急の羽田空港行きの例でいえば、この路線は滑走路の真下にトンネルを掘って線路を通しており、建設費が高くついているので、この区間を通った場合は加算運賃として170円がプラスされているのである。これを聞いて「余計納得できなくなった」と思う人もいるかもしれない。「建設費が高くついた」ということならよくあるはずで、通常の鉄道だって山を越えれば、あるいは大きな川を渡れば建設費は高くつくであろう。そのつど加算運賃を徴収していたのではキリがない。しかし日本全国に加算運賃が必要な区間は存在し、その多くが空港絡みの路線だ。日本には海上空港などが多く、空港への路線は建設費が高くつくというのは事実で、加算運賃はある程度は仕方がないと思う。しかし「建設費が高くついた」ということであれば、いずれは建設費用を償還した暁には加算運賃をやめてほしいもので、鉄道会社はそれを情報開示する必要があるだろう。そして5年後、10年後の道筋を立ててから加算運賃を設定してほしいものである。成田空港の空港バスを紹介した項で「飛行機は特別な乗物」という古い考えが現在でも残っていて、空港への交通機関は割高でも許されるという風潮があると記したが、それをここでも感じるのである。

この加算運賃は、京急の運賃体系に歪みももたらしている。この170円の加算運賃は羽田空港発着の区間すべてに、平等に加算されているわけではない。たとえば京急蒲田～羽田空港間は6・5キロで本来の運賃190円＋加算運賃170円で360円となるはずだが、30円減額して330円、また天空橋～羽田空港間は3・2キロで本来の運賃150円＋加算運賃170円で320円となるはずだが、こちらは加算運賃がプラスされず150円のままになっている。羽田空港線内でも一律に加算運賃170円だと、全体の運賃に占める加算運賃額が大きくなるので、羽田空港に近い区間に限っては加算運賃を減額、またはプラスしていないのである。

その結果、奇妙な現象も起きている。品川〜羽田空港間は400円だが、品川から230円で天空橋へ行き、いったん改札を出て羽田空港まで切符を買い直すと150円で、合計380円と20円安くなる。国際線ターミナルまでなら天空橋から130円なので、40円安くなる計算だ。乗車駅によってはその差は大きく、たとえば横浜からだと、それぞれ50円、70円の差が出る。このような状況からすると、加算運賃170円というよりも、品川〜羽田空港間400円というキリのいい数字が先にあったのでは、と思いたくもなってしまう。

深夜・早朝発着の国際線には対応していないアクセス鉄道

昭和53年（1978）に成田空港が開港して以来、国の政策として成田＝国際線、羽田＝国内線という方針が貫かれていたので、一部例外を除いて羽田空港には国際線が発着していなかった。

しかし、羽田発着国際線の要望は強かったため、新滑走路などの完成で発着枠が増えたことなどを契機に、国際線が復活していく。日韓W杯を機に、国際チャーター便、定期チャーター便などが運航されるようになり、徐々に国際線復活への道が開けていく。平成22年（2010）には現在の国際線ターミナルが完成、本格的に国際線が運航されるようになった。アジア近隣国へは国内線と距離が変わらないこと、成田空港は23時から6時までは運用しておらず、その時間帯は近隣国以外の長距離国際線でも羽田空港を活用することとしたのである。羽田・成田一体運用で国際線の24時間化という意味合いがある。これらは既に述べたところである。

そして、この羽田空港の再国際化、深夜・早朝発着便が多くなっていて、すでにこれらの便が飛び始めて3年になるものの、鉄道アクセス交通はまったくそれに対応していないというのが現状である。

では、具体的にはどのような時間帯に便が多くなったのであろうか。成田空港開港以来、国際線は成田発着という国の方針があったが、羽田空港発着の国際線を望む声は大きく、それに応える形で東アジアなど近隣国への国際線が実現した。それらの便は国内線と同程度の距離であるために実現したもので、ソウル、北京、上海、香港、台北、この5都市にのみ、昼間のフライトがある。そのため、羽田空港が再国際化され、欧米行き国際線も飛ぶようになったものの、たとえば昼間にアメリカやヨーロッパへ飛べるわけではまだない。

近隣国以外の遠い都市へはどういう理由で飛べることになったかというと、成田空港が騒音問題の関係で23時から翌朝6時までは運用できず、その時間帯に関しては羽田発着の国際線を許可しましょうというものであった。具体的には22時から翌朝7時までで、この間なら東南アジア、

羽田空港には深夜に国際線が発着するが、空港アクセス鉄道はそれに対応していない

ヨーロッパ、アメリカへの便も運航されている。理由としてもうひとつあるのは、昼間は国内線で滑走路が混雑しているが、深夜・早朝は物理的に空いているという状況があるからだ。

しかし、これらの便を利用するときにネックとなるのが空港へのアクセスである。深夜出発、早朝到着は問題なさそうだが、不便なのは早朝出発と深夜到着便利用時である。早朝出発便に関しては、前日の終電などで羽田空港に到着し、空港で搭乗を待つしか対応策はないであろう。一番微妙なのが深夜到着便利用時である。多くの便は22時台から23時台にかけて羽田空港に到着するスケジュールで、多くの利用者が「遅延しないで羽田空港に到着、手荷物が早く出てくれれば終電に間に合う」という状況にある。ある知人は東南アジア旅行から帰国の際「普段なら預ける荷物をコンパクトにまとめ、機内に持ち込んだ」と話してくれた。理由は、そうすることで、自宅まで公共交通だけで帰れる可能性が高くなるからだそうだ。

私にも同じような経験がある。マレーシアのクアラルンプールから羽田に帰国の際、羽田着は23時、羽田空港から自宅まで京急、山手線、地下鉄と乗り継いで帰るためには羽田発23時20分の京急に乗る必要がある。20分で入国審査、手荷物受け取り、そして地下にある京急乗場にたどり着くことは、まあ不可能である。しかし、航空便が早く到着することは、よくあることである。また、終電の遅い山手線にまではなんとか乗れ、地下鉄の終電は終わっていても、最寄り駅からタクシーで帰宅ということは想定したが、品川からタクシーを利用しなければならない事態になった場合は、そのまま翌朝まで羽田空港にとどまろうと考えていた。やはり、空港アクセスが航空便の深夜・早朝発着に対応していないと、利用者としても、旅行計画時にやきもきしてしまうものである。

ちなみに、私は普段、海外旅行では持ち歩かない「Ｓｕｉｃａ」（電車・バスなどに乗れるＩＣカード乗車券）を、このマレーシア旅行の際は持参した。帰国時、切符を買う必要があるかないかで、次の電車に乗れるかどうかというギリギリの状況になった場合への対応である。「Ｓｕｉｃａ」の一枚くらいいつも携帯すればいいじゃないかと思われる読者も多いと思うが、海外で荷物

羽田空港では22時を過ぎてから深夜便が次々に出発

を盗まれた経験があり、それ以来、余計なものは海外へ持参しないことにしている。

ともあれ、成田空港が騒音問題の関係で23時までの運用、その時刻を基に羽田空港に着陸できる中・長距離国際線の時刻が22時以降と定められており、そこには利用者の利便といった考えはまったくない。そして、空港アクセスを運行する東京モノレールや京急なども、そのような時間帯に到着する国際線があることなどとはまったく無関係に、いわば、他の通勤路線と同じ感覚で電車を運行している。どうも航空も鉄道も利用者不在ではないかと思ってしまうこともある昨今なのである。

ただし、現在、羽田空港の国際線ターミナルは拡張工事が進められていて、平成26年には発着枠が増枠され、長距離便の昼間時間帯の発着も認められることになっているので、このような不都合も徐々に少なくなることが期待される。現在は成田空港が運用できない深夜・早朝に限ってという条件付きなのだが、なし崩し的に羽田発着の国際線は緩和されそうである。また、東京の交通機関の24時間運行化も検討されており、そうなると逆に深夜・早朝発着のままでも不都合はなくなるのかもしれない。そのため、現在が過渡期的な時期となっているのかもしれない。

関西国際空港

【空港コード】ＫＩＸ
【年間利用者数】１５９１万人（平成24年〈２０１２〉）
【所在地】大阪府泉佐野市、泉南郡田尻町、泉南市
【大阪駅からの直線距離】38キロ
【滑走路】３５００メートル×１、４０００メートル×１
【空港アクセス鉄道】ＪＲ西日本、南海電気鉄道
【空港アクセス鉄道の運賃】新大阪～関西空港間運賃１３２０円・自由席特急券９４０円・指定席特急券１４５０円、大阪～関西空港間運賃１１６０円、難波～関西空港間運賃８９０円・特急券５００円
【空港アクセス鉄道の所要時間(最速)】新大阪～関西空港間「はるか」48分、大阪～関西空港間「関空快速」68分、難波～関西空港間「ラピートα」34分・「ラピートβ」37分・「空港急行」47分
【空港アクセス鉄道開業日】ＪＲ西日本＝平成６年９月、南海電気鉄道＝平成６年９月（ともに開港と同時）
【空港開港日】平成６年９月

バブル期に建設された大掛かりな海上空港

関西空港は平成6年（1994）に開港した海上空港である。大阪国際空港（以下伊丹《いたみ》空港）が市街地にあることから、騒音問題で発着時間、便数の制限があり、需要のある地にありながら長きにわたって増便、新規路線開設ができないでいた。

伊丹空港に代わる新しい空港は、当初は神戸沖も検討されたが、神戸市の反対もあり、和歌山県に近い泉州沖、それも海岸から5キロも離れた海を埋め立てることによって関西空港は誕生することになった。5キロも離れた海上に人工島を造り、そこに国際空港を建設するとなると、その費用は膨大であった。それでも海上空港にするのには理由があった。

成田空港では開港後何年経っても反対派の活動があり、現在でも当初計画していたすべての敷地は確保できていない。また、伊丹空港では、周辺住民が騒音訴訟を起こし、結果的には、住民が勝訴し、伊丹空港の運用時間は7時から21時に限られている。これは成田空港の運用時間6時から23時に比べても、極めて厳しい運用制限である。

これらの教訓を踏まえると、建設費用が膨大であっても、後々のことを考えると、用地確保、騒音問題が起こる可能性の低い海上空港、それも海岸から5キロも離れた場所に空港を建設するということも、当時の考えとしては致し方なかったのであろう。その結果、反対運動もなく、24時間運用でき、成田空港では現在でも入場時に身分証明書のチェックを行っているが、そういった物々しい警備も不要であった。

日本が経済発展を遂げ、やがてバブル景気となるが、その流れと時を同じくして空港は建設されており、建設当時、関西経済界、そして関西全体が関西空港への大きな期待を持っていたものである。開港と同時に伊丹空港は国内線のみの発着になり、国際線はすべて関西空港へ移転、国内線も長距離を中心に関西空港へとシフトした。当時、成田空港は滑走路が1本しかなく、海外からの乗り入れを断り続けていたので、海外の航空会社はこぞって関西に乗り入れた。関西空港が開港したことで、モンゴル、ブルネイ、ベトナム、パプアニューギニア、ネパール、南アフリカなど、それまで日本との間に定期便のなかった国とも直接結ばれた。

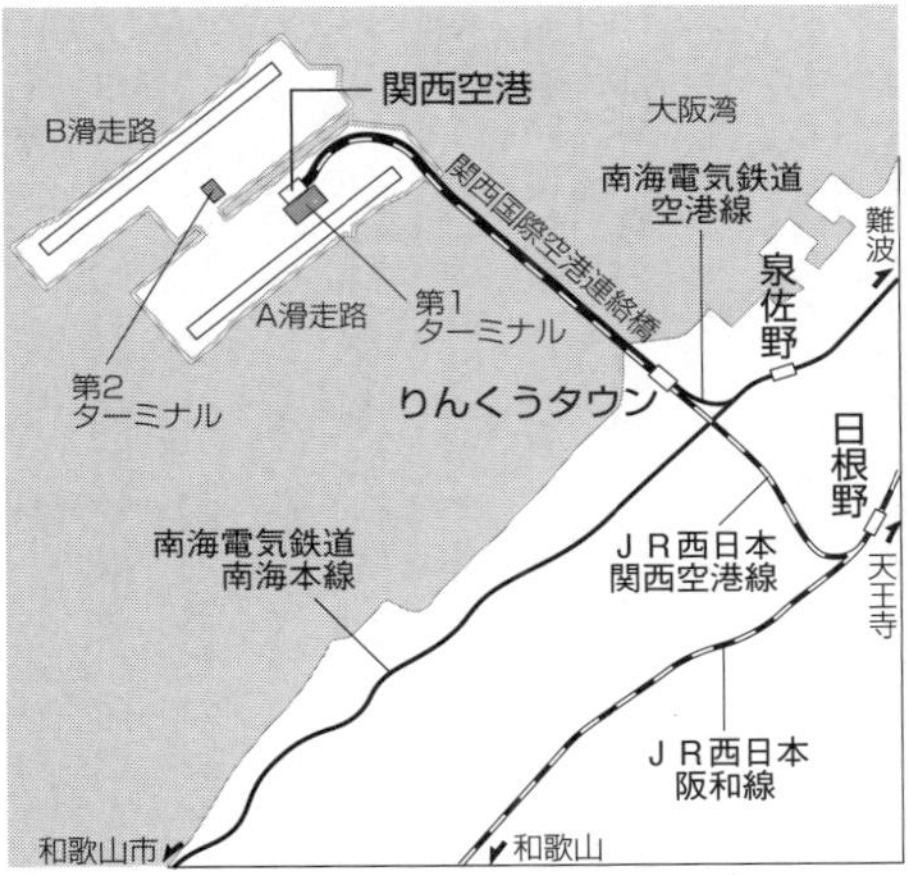

しかしバブルもはじけ、開港後2～3年で、開港時のお祭り気分はなくなり、海外からの乗り入れも鈍り始め、関西空港から撤退する航空会社も現れる。日系航空会社も、増便できない成田空港に見切りをつけ、国内線との接続がいいことから、羽田～関西～海外などのルートを開拓するも、長続きしなかった。海外の航空会社と異なり、日系航空会社は収益の多くをビジネスクラスなどの高額な運賃を払う乗客に頼っていたが、そういった利用者はやはり成田に集中していて、関西からは薄利多売の団体客が主流であった。そのため日系航空会社すら関西空港からの撤退が相次いでしまったのである。

海外からの航空会社も、発展途上国を中心に関西空港への乗り入れが進まなかった。関西空港の着陸料は世界一高いといわれ、経済的に豊かでない国の航空会社は乗り入れができなかったのである。着陸料の高さは、海岸から5キロも離れた海上空港であるがゆえの膨大な建設費と、これまた莫大な維持費が反映されている。バブル期の建設費が高くついたため、その借金の利息だけで収益のほとんどが消えてしまう状態なのである。我々が国際線を利用する際の空港施設使用料＋旅客保安サービス料も日本一高く、成田空港が２５４０円なのに対し、関西空港は２９５０円もする。

さらに、日系航空会社の国内線も「利用者は関西よりも伊丹を望んでいる」として、伊丹空港

昼間の関西空港、朝の出発便が出払うとターミナルは閑散としてしまう

への便を優先した。成田空港と違って24時間空港で、一時期は深夜発着の国際線も運航されたが、空港アクセスがないため、結局、深夜発の便はあっても深夜着の便はなく、24時間空港であることを活用できているのは貨物便だけという状況になっている。

数字で検証してみても関西空港に人気がないというのは明らかである。日本で最も利用者数の多い空港が羽田、成田であることは誰でも想像できるが、多くの人は第3位あたりが関西空港だと思うであろう。しかし、実際の年間利用者数の数字は、1位が羽田空港6680万人、2位が成田空港3022万人、3位が新千歳空港1746万人、4位が福岡空港1742万人、5位が関西空港1591万人、6位が那覇空港1511万人、7位伊丹空港1322万人となる。意外にも関西空港の利用者数は新千歳、福岡より少なく、巨費を投じた割には、昔からの施設の伊丹空港とあまり変わらない数字なのである。

そもそも、成田空港と関西空港では空港の立場が違っていた。成田空港は計画時から国際線専用のつもりで、開港後は羽田空港を国内線専用にする計画だった。しかし、関西空港は「新空港」というだけで、国際線・国内線双方が発着する計画だった。関西空港が計画された時点では伊丹空港はいずれ廃止する方向も視野にあった。しかし、伊丹空港の人気から廃止は困難となったほか、環境の変化などから関西空港は苦しい経営を強いられることとなる。そのたびに「関西空港は遠いからいけない」といわんばかりに、高速アクセス鉄道の計画などが浮上するのだが、そういった大掛かりなインフラ整備が、さらに高コスト体質を生むわけで、失敗することは素人の目にも明らかである。

そこで平成24年からは関西空港と伊丹空港の経営は一体化されて、いわば伊丹空港の収益を関西空港に注ぎ込む体制もできた。現在は着陸料の割引なども実施しているが、発着回数は増えたり減ったりを繰り返している。近年では韓国や中国からの乗り入れが増えていたものの、日本とこれらの国との関係悪化から再び鈍化したり、ＬＣＣの活躍で発着回数が増えたりといったことを繰り返しているが、活性化に通じる「決め手」のようなものに欠いているように思える。

アクセス鉄道も、このような関西空港の状況を如実に反映していると思える。ＪＲ西日本と南海電気鉄道（以下南海）の2社が乗り入れるが、それぞれの状況を探ってみたい。

複雑な運転経路の特急「はるか」

関西空港は大阪湾泉州沖を埋め立てた人工島にあり、泉佐野市と関西空港は関西国際空港連絡橋（スカイゲートブリッジR）約3・7キロで結ばれていて、開港と同時にJR西日本の関西空港線、南海の空港線双方が関西空港駅に乗り入れを開始した。この橋は上段が道路、下段が鉄道の2層構造で、鉄道は2社が乗り入れるものの、JR西日本と南海はレール幅や電化方式などが同じなので、線路は共用、橋には複線の線路が敷かれているだけで両社の車両は同じ線路の上を走っている。

JR西日本の空港アクセス特急は「はるか」で、全列車が京都から直通する（一部は草津や米原など滋賀県から直通）。車両は「はるか」用に新調された281系電車で、全列車がこの「はるか」専用車両で運転される。京都を発着するというのは関西を訪れる多くの外国人観光客が、観光地京都を訪れるということを意識した運行である。京都を出発すると新大阪、天王寺と停車して関西空港へ向かう。

そして、この「はるか」は、鉄道ファンにはある意味で興味深い列車となっている。その「ある意味」とは、運行経路にある。京都から関西空港に向かうのだから、東海道本線、大阪環状線、阪和線を経由するのだろうと思われる。実際この経路は正解なのだが、たとえば、東海道本線を運行する「新快速」や北陸本線の特急「サンダーバード」、また関西地区の「快速」や緩行線（各駅停車）が走る線路、これらとは一部異なるルートで運転している。JR東海道本線の関西地区は複々線であるが、それでも列車密度（列車本数）が過密になっているうえ、新大阪駅からは梅田貨物線を通るため、新大阪駅で最も西側のホームに出る必要があり（京都方面からの特急列車は新大阪駅では最も東側のホームを使う）、かなり複雑な運行ルートとなった。

まず、「はるか」は京都駅では東海道本線と同じホームではなく、山陰本線と同じ場所にあるホームから出発する。山陰本線と同じ線路を通って貨物線に出て、東海道本線緩行線桂川駅手前で東海道本線の4本の線路を跨いで向日町《むこうまち》の車両基地側に出る。いわば京都駅では最も北側のホームから出発したが、この桂川付近で、複々線の4本の線路を一跨ぎして、今度は一番南側の線路に回り込むようにして移る。これは東海道本線の複々線で一番南側の、通称「列車線」と呼ばれる「新快速」や特急が走る線路である。この一跨ぎする線路は「はるか」のために設けられたのではなく、京都駅を発着する列車が向日町の車両基地に出入りするときに利用する線路としてももともと存在したものを活用した。

大阪環状線と並ぶ貨物線上を行く特急「はるか」。左を走る大阪環状線もこちらに向かっていて、この区間では「はるか」が走る線路は単線

その後、東海道本線の「新快速」などが走る複々線のひとつである下り列車線を走るのも束の間、茨《いばら》木《き》〜千里丘《せんりおか》間で東海道本線の４本の線路を跨いで、再び東海道本線の複々線の北側に出て、梅田貨物線を走行する。ここで、すでに大阪環状線に入るための準備を行っているのである。なぜ、東海道本線の複々線の４本の線路の北側を走ったり、南側を走ったりするかというと、既存の路線で空いている部分を選んだ結果、各路線をつまみ食いするようなルートとなったのである。

さらに「はるか」は、新大阪から梅田貨物線経由で大阪環状線の西九条へ、西九条からは大阪環状線と同じ線路を走行、天王寺で阪和線へと達するのである。阪和線に関しては、もともと私鉄だった路線を当時の国鉄が買収したという経緯があり、阪和線の線路の多くは天王寺で行き止まりになっている。そのためここでも連絡線を通って大阪環状線から阪和線へと入っていく。さまざまな路線をちょっとずつ走るようなルートである。

一方、関西空港発の列車は、新大阪から京都までの間はオーソドックスに東海道本線の上り線を走っており、上り「はるか」と下り「はるか」ではかなり異なる経路になっている。つまり、京都行き「はるか」は一度も東海道本線を跨がずに京都に向かうことになる。途中の貨物線には単線区間もあり、特急が行き交うルートとしてはかなりユニークではある。鉄道ファンの間では、このルートを「はるかルート」と呼んでいて、京都発の南紀方面行きの特急「くろしお」も似たようなルートとなる。

このルートは、首都圏の湘南新宿ライン（こちらもさまざまな路線を走る）のような呼称はないものの、市販の『JR時刻表』（交通新聞社刊）などの地図のページには、貨物線を通る部分が記されている。この貨物線はそもそも何のためにある路線かというと、阪和線方面に出るためではなく、桜島線の安治川口《あじかわぐち》駅にある貨物駅に達するためで、ここは大阪港にやってくる貨物船などが発着する港に隣接している。

特急「はるか」はこのようなルートをたどっているため、新大阪に全列車が停車するが、大阪駅には停車しない。というか、大阪駅のすぐ近くを通っているものの、いわゆる大阪駅のホームのある線路は通っていない。当初は「はるか」用の大阪駅建設も検討されたが、実現には至らなかったのである。

「関空快速」に人気がある理由は

ＪＲ西日本の関西空港行きの列車で、特急「はるか」に対して、乗車券だけで利用できる気軽な列車となっているのは「関空快速」である。「はるか」が京都発着、新大阪に停車して新幹線から乗り継ぐ、いわば遠方からの利用者に重点を置いているのに対し、「関空快速」は大阪駅から利用できるので、私が見ている限りでは「はるか」より人気を集めている列車だ。

そもそも関西空港は、大阪国際空港（以下伊丹空港）より中心地から遠いといっても、東京都心から成田空港までに比べるとずっと近い距離にある。そのため「わざわざ特急料金を払って行くほどの距離ではない」と考えるのも当然であるし、お金の損得勘定に敏感な関西では、「はるか」より「関空快速」に人気があるのも納得できる。また、仮に大阪駅から特急「はるか」を利用しようと思うと、いったん新大阪に出るか、天王寺で乗り換える必要があり、乗り換えが面倒なうえ、所要時間では「関空快速」と差がなくなってしまう。そういう意味では「はるか」の利用者は新大阪での新幹線からの乗り継ぎ客、京都からの乗客、日本の交通事情に不慣れで大きな荷物

「はるか」より人気？　庶民的な「関空快速」

を携えている外国人旅行者などが中心になっている。「関空快速」が充実しているというのも人気の要因だ。
もともと、関西の快速列車は関東に比べると車内設備は格段にいい。関東でＪＲの「快速」というと、中央線の「快速」「特別快速」「青梅特快」などを思い浮かべるが、これらは停車駅が少ないというだけで、車両は各駅停車と同じものを使っている。ロングシートがずらりと並び、トイレもない純然たる通勤型車両で、大きな荷物を携えての乗車に向いたものではない。
しかし、関西圏で快速というと、転換クロスシートといって、進行方向に向きが変えられる座席で、トイレ付きというのが標準だ。東海道本線・山陽本線の「新快速」「快速」はじめ、福知山線の「丹波路快速」、奈良線の「みやこ路快速」、関西本線の「大和路快速」、阪和線の「紀州路快速」など、主要路線でこのような列車が頻繁に運転されている。

そのうちのひとつが関西空港への「関空快速」なのである。当然、座席は転換クロスシートで、トイレもある。「関空快速」は4両編成で、阪和線の和歌山行き「紀州路快速」と連結して8両で運転され、日根野《ひねの》で分割して関西空港へ向かう。関東と関西ではもともと、普段乗る列車の車内設備がかなり違う。関西の列車の車内設備が優れている理由としては、関東と違い、大手私鉄と国鉄が競合し、サービスを競っていたという昔からの伝統のようなものがあるからだ。

「関空快速」に使われている223系や225系電車は、他の線区の快速列車とは若干車内設備も異なり、空港アクセス列車ならではの工夫もある。他の線区の車両が横2－2掛けの、いわばオーソドックスな座席スタイルなのに対し、「関空快速」と「紀州路快速」で使用される阪和線用車両は横2－1掛けのスタイルで、その分座席数は減ってしまうが、通路を広くして、大きな荷物などを携えての乗車がしやすいようにできている。このようなことからも、多くの関西人は「『関空快速』で十分や」ということになるのである。

一般にはJRの空港アクセス列車というと、東の「成田エクスプレス」と「快速エアポート」、西の「はるか」と「関空快速」が対比されるが、関東では特急と快速の利便性にかなりの差があり、快速は空港アクセス列車としての利便性でかなり劣っているのに対し、関西では、特急と快速の利便性はそれぞれ場面によって互角といえ、むしろ快速が多くの利用者の支持を集めているという大きな違いがある。

「ラピート」はるかにお得

関西空港に乗り入れる空港アクセス列車はJR西日本のほかに南海がある。南海は関西空港へのアクセス専用特急列車として50000系を新調、「ラピート」と名付けられた。南海には和歌山方面や高野山方面への特急列車もあるが、まったく異なるデザインとなって登場した。かなりユニークなスタイルで、鉄仮面のような顔に客室窓は楕円形をしている。古い旅客機ファンにはかつてのイギリスのプロペラ機「バイカウント」を思わせるようなスタイル。鉄道ファンからはその異様な前面から「鉄人28号」にもたとえられた。一見すると新しいのかレトロなのかわからないというようなユニークなデザインの車両である。車両デザインには建築家が、この空港アクセス特急全体の総合デザインも都市計画に携わるプランナーが起用されている。小田急電鉄の新型ロマンスカー、京成電鉄のスカイライナーでも同様で、この頃から鉄道車両のデザインを建築家やファッションデザイナーが手掛けるということが多くなったのである。

6両編成でうち2両はJRでいうグリーン車にあたる特別車（スーパーシート）。最高速度は時

楕円形の窓がユニークなスタイルの南海「ラピート」

速１１０キロ、空港線では最高時速１２０キロという性能。停車駅の少ない「ラピートα」、停車駅の多い「ラピートβ」が運行され、最速の列車は難波〜関西空港間の所要時間が30分を切る29分という俊足でのデビューとなった。

特急料金も一般車両で５００円、特別車でも７００円で、特別車は横２・１席のゆったり配置となった。ＪＲの特急「はるか」が京都、新大阪などから直通できる強みがあるのに対し、「ラピート」は大阪ミナミの難波だけがターミナルで、他線に直通していないという弱みはあるものの、特急料金がワンコインという庶民派特急として人気を集めた。

運行当初、大阪環状線からユニークな、ビルの大看板も目にした。それは南海が、主にＪＲ大阪環状線車内から見えるように掲出した「ラピート」の宣伝看板で、「関空への空港特急『ラピート』はるかにお得！」というものであった。「はるか」という部分はJRの特急「はるか」と「遥か彼方」の「はるか」をかけているわけで、関西人のしゃれっ気を感じさせる宣伝文句であった。

私も運行開始当初は「ラピート」を何度か利用した。関西空港に飛行機撮影に出かけ、大阪市内のホテルに戻るときなども撮影仲間と利用した。撮影で疲れていると500円で乗れるならと「ラピート」乗車になったのだが、大阪在住の知人が「それなら特別車がいい」と言い出した。彼曰く「特別車なら冷蔵庫の飲み物が無料、料金は700円になるけど、飲み物が120円なら80円しか変わらへん」というのである。確かにその当時、特別車には無料の飲み物が入った冷蔵庫が設置されていたのだ（現在は中止）。「さすが大阪人は損得計算に長けている」と思ったものである。

一度乗り換えてでも空港急行がお得！

空港特急「ラピート」を紹介したが、南海でも人気があるのは、特急料金の必要な特急ではなく、乗車券だけで利用できる空港急行である。京成電鉄の京成本線経由の成田空港行き特急のようなもので、車両こそ通常の通勤型で、ロングシート、トイレなしの車両だが、本数が多く、そ

関空への一番人気は南海の「空港急行」

れなりに速く、必ずしも「ラピート」に抜かれるわけではない。運賃は難波から関西空港までで８９０円とリーズナブルである。私も関西空港に行く際に最も利用しているのは南海の空港急行である。

大阪駅からで考えても、最も安く行く方法はこの南海の空港急行利用となる。新今宮〜関西空港間の運賃は８９０円で、ＪＲ大阪環状線の大阪〜新今宮間は１７０円なので合計１０６０円になる。ところが、大阪から関西空港までのＪＲの運賃は１１６０円なのである。一般的には複数社に跨がるより、１社で行けるなら１社の通し運賃のほうが安くなると思われる。しかし、ＪＲの運賃は初乗りこそ安いものの、10キロ、20キロと距離が長くなるとその額はどんどん上がっていく傾向にあり、結果的にはＪＲと私鉄の2社の運賃を合計してでも、ＪＲの距離を短く抑えたほうが合計では１００円安くなるという結果になる。

また、現在は割引切符も多く発売されているので利用したい。これは南海と関西大手私鉄、公営交通をセットにした割引乗車券である。大阪市営地下鉄とセットにした大阪エリア〜関西空港間980円、阪神電気鉄道とセットにした神戸エリア〜関西空港間1100円、近畿日本鉄道とセットにした奈良エリア〜関西空港間1200円、大阪市営地下鉄を介して阪急電鉄と3社をセットにした京都エリア〜関西空港間1200円などである。

そんなことからこの空港急行に乗ると、1車両に数人は大きな荷物を携えた航空旅客と思われる乗客がいる。

振るわない「はるか」と「ラピート」

関西空港に乗り入れるJR西日本、南海の双方にいえることは、ともに特急列車が振るわないということであろうか。平成6年（1994）の開港と同時に運行をはじめた「はるか」と「ラピート」だが、「はるか」は当初全席指定席だったものが、運行開始から4年経った平成10年には自由席が設けられ、現在は朝の上り列車と夕方の下り列車は和泉府中や日根野に停車させ、通勤特急としての役割も担うようになった。空港利用者だけを相手にしていたのではなかなか乗車率が高まらないのである。こんなことから平成22年には昼間の6往復が臨時列車化され、その翌年にはその6往復が廃止されてもいる。

一方の「ラピート」も停車駅の少ない「ラピートα」と停車駅の多い「ラピートβ」があったものの、現在は「ラピートα」はほとんど運転されていない。「ラピート」は「はるか」よりさらに乗車率が悪いようで、終日ほとんどの列車が堺、岸和田、泉佐野などに停車していて、空港アクセス特急というより、大阪南部の都市間特急といった列車になってきている。平成6年の運行当初は難波～関西空港間が30分を切る29分という所要時間の列車があったが、現在は最速列車で34分、ほとんどの列車は37分を要している。速達性より小まめに停車して利用者を増やそうというわけだ。

平成24年、南海では「ラピート」の乗車率を高めるため、「関空トク割ラピートきっぷ」を平成25年春までに期間を切ってだが発売。しかしその後も発売は続き、期間が平成26年3月末までに延長されている。運賃＋特急券で一般車1100円、特別車1300円。難波～関西空港間は運賃890円、特急券500円、特別車の特急券が700円なので、ともに290円安くなる計算だ。特急に乗れて1100円ならリーズナブルな料金だと思う。乗車率向上に貢献すればいいのだが。

関西空港といえば平成24年に、日本初の本格的なLCCといえるピーチ・アビエーションが拠点にすることになった空港である。ピーチ・アビエーションを利用すれば関西から札幌、鹿児島、沖縄は4000円台から、ソウルでも5000円台からの運賃である。利用者は、そんな時代に空港までに何千円もかかるというところに交通費のアンバランスさを感じているのではないだろうか。

空港アクセス鉄道にも暗い影を落としたアメリカ同時多発テロ事件

「はるか」と「ラピート」には共通した車両の特徴もある。「はるか」には先頭車両に、「ラピート」には中間車両の1両に窓のない部分があり、外観からは売店などのスペースに思え、商品の搬入口のような大きな扉がある。しかし、これらは使われていない荷物スペースなのである。当初「はるか」ではKCAT（京都シティ・エア・ターミナル）で国際線の搭乗手続きが可能で、そこで預かった手荷物を運ぶための、同様に「ラピート」ではなんばCAT（なんばシティ・エア・ターミナル）で国際線の搭乗手続きが可能で、そこで預かった手荷物を運ぶための荷物室であった。

しかし、これらシティ・エア・ターミナルはそれぞれ平成14年（2002）と平成13年にその機能が廃止になっていて、現在はこれら荷物室も使われていない。もったいないといえばもったいない状態で、現在となっては無駄なスペースであることは間違いない。かといって列車がいつも混雑しているような状態でもないので、客室に改造などは行われておらず、そのままの状態になっている。

日本にはこれらのほかに空港バスを利用する乗客のための、ＴＣＡＴ（東京シティエアターミナル）、ＹＣＡＴ（横浜シティ・エア・ターミナル）、ＯＣＡＴ（大阪シティエアターミナル）などがあるが、いずれもシティ・エア・ターミナルとしては機能していないのが実情である。

２００１年のアメリカ同時多発テロ事件以降、アメリカの連邦航空局の通達によって、北米への国際航空旅客は、出発空港以外での出国手続きができなくなった。これを受けて日本でもシティ・エア・ターミナルでは北米行き旅客の受け付けができなくなったが、他の方面もそれに追随し、現在では世界的にシティ・エア・ターミナルが機能しなくなりつつある。

現在でもＹＣＡＴやＯＣＡＴは高速バスなどが発着しているので、広く「ＣＡＴ」という言葉が使われているが、その中身はというと、単なるバスターミナルである。おそらくＣＡＴとしての機能は今後も復活することはないと思うので、「横浜バスターミナル」「大阪バスターミナル」などへの名称変更を早期に実施したほうがいいと思っている。

私も過去に東京・日本橋箱崎にある東京シティエアターミナルで航空便への搭乗手続きを済ませ、箱崎で出国手続きを行った経験が何度かある。成田空港の出国審査場は混雑する場合があるが、箱崎で行えばスムーズというのが大きなメリットであったし、「箱崎で搭乗手続きを行えば飛行機に乗り遅れることはないだろう」という安心感もあった。バスも「出国手続き完了の乗客」を乗せる便と、そうでない一般乗客の乗る便に分かれていたと記憶している。

シティ・エア・ターミナルでの出国手続き完了者にはパスポートに栞《しおり》のような紙が挟んであり、成田の出国審査場ではそれを渡すだけでスイスイ通ることができた。確かに現在から考えると、悪用しようと思えば隙の多いシステムだったように思う。

犯罪の巧妙化などで、このような便利なシステムが機能しなくなるような世界になっているということも憂いを感じる。

第3種鉄道事業とは?

車両を持たない鉄道会社というと古くから神戸高速鉄道が有名で、鉄道雑学ネタの定番である。神戸高速鉄道は神戸市内に神戸市営地下鉄とは別に地下路線を持ち、そこには阪急電鉄、阪神電気鉄道、山陽電気鉄道などが乗り入れていて、これらの私鉄各社は神戸高速鉄道の線路を介することで相互直通運転を行っている。神戸高速鉄道は私鉄各社の仲介役を担っていることになる。

神戸高速鉄道は線路や信号など鉄道が走る施設を保有しているが、車両は保有していない。神戸高速鉄道の線路を走るのは、阪急電鉄だったり阪神電気鉄道だったりということになる。阪急電鉄などは、神戸高速鉄道に対し通行料を払って乗り入れるというスタイルになっている。

神戸高速鉄道のような鉄道事業者は第3種鉄道事業者といい、神戸高速鉄道に乗り入れている阪急電鉄などは第2種鉄道事業者と呼ばれている。それに対し第1種鉄道事業者とはどんな形態かというと、線路などの設備とそこを走る車両の保有者が同一の場合をいい、ほとんどの鉄道は第1種鉄道事業者であり、阪急電鉄でも、自社線内を走っている区間では第1種鉄道事業者になる。

前置きが長くなったが、実は空港アクセス鉄道も、神戸高速鉄道のようなスタイルになっているケースがほとんどだ。関西空港でいえば、りんくうタウン～関西空港間、つまり、関西空港へと続く関西国際空港連絡橋から空港敷地を走る区間では、ＪＲ西日本も南海も第2種鉄道事業者になり、この区間の線路を保有しているのは関西国際空港で、同社が第3種鉄道事業者になる。

同様に成田空港では、現在の東成田（開業当初の成田空港駅）までは京成電鉄の路線だが、平成3年（１９９１）に空港直下のターミナルに乗り入れた路線部分、つまり京成本線との分岐点から成田空港まで、また同じ年にＪＲ東日本も空港直下に乗り入れているが、ＪＲ成田線との分岐点から成田空港まで、これらの区間では京成電鉄、ＪＲ東日本ともに第2種鉄道事業者になり、この区間の線路を保有しているのは成田空港高速鉄道で、同社が第3種鉄道事業者になる。

さらに成田空港では話がややこしく、京成電鉄成田空港線の線路は印旛日本医大から前述の成田空港高速鉄道との接続点までは成田高速鉄道アクセスが線路施設などを保有する第3種鉄道事業者となっている。京成電鉄の「スカイライナー」は成田空港に到着するまでに成田高速鉄道アクセスと成田空港高速鉄道という、線路だけを保有する2社の鉄道会社を経由して成田空港に達していることになる。実際は北総鉄道部分にも同じような区間があるのだが、空港の話と無関係なので、ここでは割愛する。では、なぜ、ほぼ同じエリアに2社の第3種鉄道事業者が必要だったかというと、成田空港高速鉄道には京成電鉄、JR東日本双方の列車が乗り入れるので、この2社の鉄道会社も出資しているが、成田高速鉄道アクセスには京成電鉄のみが乗り入れているため、別会社としたのである。

このほかにも同様の例はあり、中部国際空港（以下中部空港）は、常滑《とこなめ》～中部国際空港間は名古屋鉄道は第2種鉄道事業者で、この区間を保有しているのは中部国際空港連絡鉄道で、同社が第3種鉄道事業者になっている。

関西空港では連絡橋部分からは関西国際空港という空港会社自らが保有しているが、他の路線、たとえば成田空港高速鉄道では京成電鉄とJR東日本が同率で3分の1ずつを出資、京成グルー

関西空港へと続く連絡橋ではJRと南海双方が同じ線路を走るが、線路を保有するのは、鉄道会社ではなく関西国際空港だ

プに名を連ねている。成田高速鉄道アクセスは京成電鉄のほか、千葉県も出資していて第三セクター会社となる。中部空港も同様で、名古屋鉄道や愛知県が出資する第三セクター会社である。

いずれにしても大空港への乗り入れは、別会社としなければ採算が合わないという背景を抱えており、たとえば関西空港への乗り入れでいえば、関西国際空港連絡橋の通行料はＪＲ西日本で２１０円、南海で２２０円が距離相応の運賃に加算されている。これは他の区間でも同じで、多かれ少なかれ加算運賃が生じる。京急の羽田空港乗り入れでもそうであったが、空港乗り入れに際しては公共交通であっても「特別運賃が加算される」というのが一般的になってしまっている。

新今宮駅周辺は関西空港から利便性が高い観光客の街に

成田空港の項で「日暮里の再開発」を提案させてもらった。東京には観光客、とくにバックパッカーなどが集う安宿が集中した地域がないと記したが、実は大阪にはそれに近いものが存在する。南海、JR西日本阪和線「関空快速」、どちらに乗っても関西空港から1本でアクセスできる新今宮駅周辺がそれにあたる。新今宮は大阪環状線と南海電気鉄道の接続駅で天王寺駅へも1駅の場所である。さらに大阪市営地下鉄御堂筋《みどうすじ》線と堺筋線が接続する動物園前、阪堺《はんかい》電気軌道の南霞町《みなみかすみちょう》の駅もある交通至便な場所である（駅名が異なるがすべて同じ場所）。

この一帯は「あいりん地区」とも呼ばれ、日雇い労働者の街として知られている場所で、景気が低迷すると路上生活者が溢れる。日雇いの仕事を求めて日本全国からやってきた人が泊まるのが簡易宿泊所などであったが、現在ではこれらの宿が、外国人観光客用に改造され、人気の安宿街となっているのである。部屋は狭く簡素ながら、24時間利用できる共同シャワーを多くしたり、インターネット環境を整えたり、英語、韓国語、中国語ができるスタッフを雇用したりしている。安宿ではあるがネット予約などができるのが当たり前となっている。中には畳の部屋もあったりするが、逆に日本に来たら畳体験をしたいという欧米人などが多いのは京都と同じである。それがここであれば格安で実現する。

大阪ミナミの繁華街にも近く、通天閣は徒歩圏内、大阪らしさがあるいい街である。実は私もここを大阪の定宿の場所のひとつにしていて、何度となく通っている。必ず見かけるのが外国人旅行者の姿で、日本に長期滞在していると思しき人もいるようだ。関西空港の到着階の観光案内では、この一帯の安宿を紹介した「Cheap Hotel」なるパンフレットも用意されている。日本の一般常識からすれば、この一帯は「治安が良好ではないので、観光客は避けたほうがいい」ということになるだろうが、日本の治安は極めて良く、新今宮一帯の治安が悪いとすれば、海外で治安のいい場所などなくなってしまう。つまり外国人にとって新今宮は治安が悪いといった感覚はまったくないのである。

とかく、観光客を呼び込もうとすると、大掛かりな投資が多く、かといって投資に見合った結果が出ていないようだが、この一帯は最小限の投資で、それなりの結果を出しているいい例ではないかと思われる。おそらく外国人観光客にしてみると、東京には大きな魅力があるのだが、ホテル代が高く、それを理由に東京観光を諦めている人は多いのではないかと思う。私自身も、たとえば香港などは10日でも20日でも滞在したい街であるが、かなり質を落とさないと予算に見合った宿がないという悩みがある。大阪の例は東京もぜひ参考にしてもらいたいものである。

第2章

鉄道アクセスが定着している 新千歳空港、中部国際空港、福岡空港

新千歳空港

【空港コード】ＣＴＳ
【年間利用者数】１７４６万人（平成24年〈２０１２〉）
【所在地】北海道千歳市、苫小牧市
【札幌駅からの直線距離】41キロ
【滑走路】３０００メートル×2
【空港アクセス鉄道】ＪＲ北海道
【空港アクセス鉄道の運賃】札幌〜新千歳空港間１０４０円
【空港アクセス鉄道の所要時間(最速)】札幌〜新千歳空港間「エアポート」36分
【空港アクセス鉄道開業日】昭和55年（１９８０）10月（千歳空港駅として）、平成４年７月（新千歳空港駅として開港と同時に）
【空港開港日】飛行場としての最初は大正15年（１９２６）10月。実質的な開港は昭和26年10月の千歳空港として日本航空就航時

いつも賑わっている北の空の玄関

いつ行っても「賑わっている」と感じるのが新千歳空港である。現在でこそ韓国のソウル～済州島間に譲ってしまったようだが、羽田～新千歳間は長らく世界一を誇る高需要の航空路線であった。かつては日本航空、ＡＮＡのジャンボ機が５００人以上の乗客を乗せ、それぞれ１時間に１本はこの間を行き来していた。こんなに空の往来の多い区間は世界広しといえどもなかったのである。

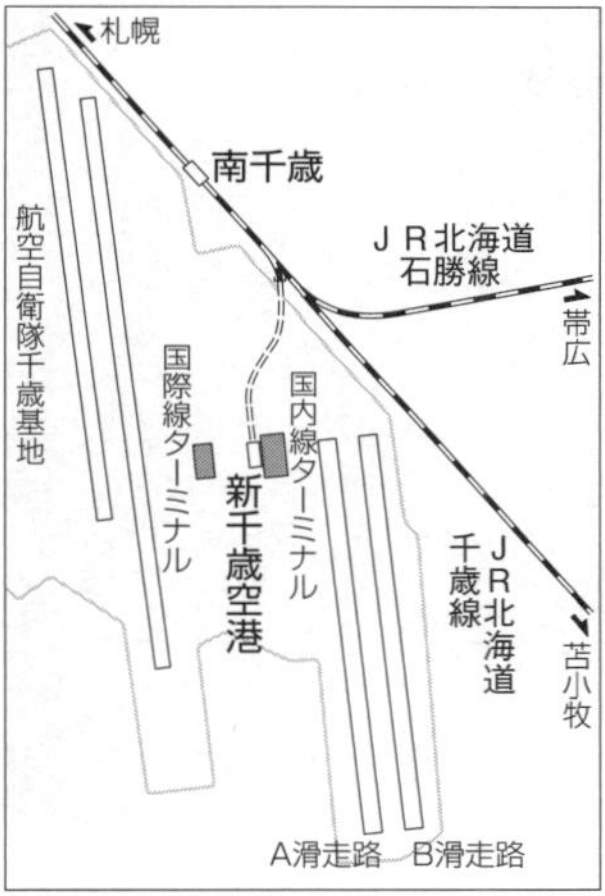

賑わっていることは現在でも変わっておらず、北海道への航空需要はこの新千歳空港が独り占めしているような状況である。北海道の空港で年間利用者数が１００万人を超えるのは新千歳空港の１７４６万人と函館空港の１４９万人の２空港だが、新千歳空港は、北海道２位の函館空港を利用者数で大きく離し、10倍以上の利用者があることになる。日本では赤字経営に苦しむ地方空港が多いが、新千歳空港は数少ない黒字経

デパ地下のような活気のある新千歳空港

営の地方空港である。

空港のテナントにも活気があり、空港内は、空港というよりデパ地下の食料品コーナーのような賑わいを見せている。出張旅客、個人観光客、団体観光客、修学旅行生など、ありとあらゆる利用者で混雑しているというのが新千歳空港の印象である。

平成22年（2010）には、それまで国内線ターミナルの一角を利用して国際線が発着していたが、国際線専用のターミナルが完成している。北海道はアジアからの観光客も多く、国際線も緩やかながら増加傾向にある。アジアの国々は人口密度の高い地域が多いが、その点、北海道は広々としていてアジア人に人気なのである。冬季は酷寒なことから日本人観光客は北海道を敬遠するのが普通だが、アジアの国々では雪の降らない地域がほとんどなので、雪を目当てにやってくる観光客も多く、意外にも冬季になっても観光客が減らない。北海道の冬は、彼らにとってシーズン・オフではないのだ。

平成24年からは、ピーチ・アビエーション、ジェットスター・ジャパン、エアアジア・ジャパンと、日本の国内線LCC3社が揃って就航、格安に本州から渡道できるようになったので、新千歳空港に新たな層の利用者が増えた感もある。

こんな新千歳空港の空港アクセスは鉄道が大きな役割を果たしている。ここまでに紹介した成田、羽田、関西の3空港では、鉄道が複数乗り入れているものの、空港バスも重要な役割を担っている。しかし、新千歳空港では今ひとつバスの影が薄い。鉄道アクセスが充実しているので、バス会社としても「鉄道には勝てない」と思っている節があるように感じる。

日本で初めて鉄道が航空に歩み寄った

日本で初めて空港に鉄道などの交通機関が乗り入れたのは、前述の通り羽田空港への東京モノレールである。しかし、日本で空港アクセスのひとつの転機となったのは昭和55年（1980）開業の国鉄千歳線千歳空港駅である。それまでも千歳線は千歳空港のすぐ前を通っていたが、列車は空港にそっぽを向くように走っていた。1970年代は東京から札幌へ行くにも列車と青森

〜函館間の青函《せいかん》連絡船を乗り継ぐのが一般的であった。ただ、年々航空旅客も増えていた時代である。当時の国鉄は航空を敵視していて「航空旅客を空港まで鉄道で運ぶなどとんでもない」と考えていたに違いない。しかし、東京〜札幌間などの長距離となると、さすがに航空が優位になりつつある時代であることは、国鉄にとっても否めない事実であった。昭和48年には、ジャンボジェット機ことボーイング747の短距離用機材であるボーイング747SRが日本の国内線に初就航している。1970年代は国内航空が、大量輸送時代へと発展していく成長期であった。

そこで、空港ターミナルのすぐ前を走っていた千歳線に駅を造り、空港と連絡橋でつないだのである。それが千歳空港駅で、後に現在の南千歳駅となる。当時の空港ターミナルは現在の南千歳駅のすぐ向かい側にあったのだ。この千歳空港駅開業だけが契機というわけではないが、この頃から、鉄道と航空は競合から共存へということがいわれ始めたのである。

当時、すでにヨーロッパ主要空港で、アクセス交通として鉄道が乗り入れているのは珍しいことではなかったので、「ヨーロッパでは鉄道が空港に乗り入れるのは当たり前」「そのヨーロッパを見習おう」という考えが日本に広まっていったのである。

千歳空港駅開業を機に、北海道内の列車運行体系も、それまでの函館中心から札幌中心へと変化していった。それまでは、北海道内の特急列車は函館を中心としており、函館〜釧路間「おお

千歳空港駅開業で、航空便と接続するスキーリゾートへの列車が運転された

ぞら」、函館〜網走間「おおとり」などの特急列車が1日がかりで走破していた。これらの列車は青函連絡船と接続していて、上野からの特急列車との接続を多分に意識したダイヤであった。

当時、東北本線で最も俊足な特急列車は、583系電車で運転していた「はつかり」で、この中でも上野16時発の青森行き「はつかり5号」は宇都宮、福島、仙台、盛岡のみに停車、青森には翌0時15分に到着、青函連絡船の夜行便に接続し、さらに、函館で前述の「おおぞら」や、旭川行き（夏季は網走行き）「北海」に接続していた。東京から釧路、網走などへは、国鉄の最速ルートでも丸一日近くを要していた。しかし、それが当たり前だったのである。

そうした運行体系が変わってきたのが、千歳空港駅開業以降で、札幌を中心にしたダイヤにし、千歳空港から旭川、釧路、網走などへ連絡させることを意識したダイヤへと移行したのである。

当時の国鉄には思惑もあり、千歳空港駅開業1年後の昭和56年には石勝《せきしょう》線開通が控えていた。石勝線は札幌と帯広や釧路を結ぶ路線のバイパス的路線で、これら方面への所要時間が短縮されたが、この石勝線は千歳空港駅が分岐点になっていたので、千歳空港駅から帯広や釧路へアクセスしやすくなる予定があったのだ。「石勝線」とは石狩地方と十勝地方を結ぶという意味がある。

石勝線沿線には東京や大阪からの観光客を当て込んだ大規模なスキーリゾートが開発され、航空会社とリゾート列車がタイアップし、特別列車でスキー客輸送も行った。それまで航空会社の主催する北海道スキーツアーといえば、ニセコか手稲が定番だったが、石勝線沿線のトマムなどのスキーリゾートが急速にクローズアップされるようになった。これは千歳空港が鉄道駅と直結したということがきっかけであったのだ。この時期、青函トンネルはまだ開通しておらず、本州と北海道の鉄道が線路で結ばれたのは、昭和63年のことである。

鉄道アクセスがうまく機能している

平成4年（1992）、千歳空港は新千歳空港へと移転。空港駅も新ターミナル直下の新千歳空港駅となった。それまでの千歳空港駅は千歳線の中間駅として千歳線の特急列車などを含む全列車が通る駅だったが、新駅は南千歳駅（それまでの千歳空港駅）から枝分かれし、地下に潜って2・6キロ進んだ位置となった。札幌方面からは空港連絡の快速「エアポート」が運転されているが、苫小牧、函館方面や帯広、釧路方面は南千歳駅での乗り換えとなった。

そもそも千歳空港と新千歳空港はどんな関係だったのだろう。以前は民間航空の発着する千歳空港と、航空自衛隊機が発着する千歳基地が同居するようなスタイルで、民間機と自衛隊機が同じ滑走路を使っていた。当時は東西冷戦中で、旧ソ連の戦闘機が日本の領空を侵犯しては自衛隊機がスクランブル（緊急発進）をかけるということも珍しい出来事ではなかった。民間のジャンボ機の横を自衛隊の戦闘機が轟音を立てて離陸する光景が繰り広げられていたのである。緊急発進で、民間機が滑走路横で長時間、離陸を待たされるなどの問題をご記憶の方も多いのではないだろうか。

そこで、航空自衛隊施設と民間機が発着する施設を分離したのが現在の姿で、航空自衛隊が千歳基地を、民間機が新千歳空港を発着していて、滑走路もそれぞれ２本ずつ有している。新千歳空港となるまでは滑走路を共用していたが、現在はそれぞれの滑走路を使用し、新千歳空港を自衛隊機が発着することは、政府専用機を除くと原則なくなった（政府専用機は民間機と同じボーイング７４７型機だが、航空自衛隊によって運航されている）。そのため、民間機発着の施設は千歳空港から新千歳空港へと移転したが、それまでの施設も残っていて、隣接しているのである。現在も南千歳駅は空港敷地に隣接していて、ホームからは着陸機を真上に見上げることができる。

空港施設も、両者は誘導路でつながっている。新千歳空港の展望デッキからは、民間機用の２本の滑走路を発着する航空機が見えるが、その背後には千歳線を走る「スーパー北斗」やコンテナ列車を頻繁に遠望することができる。また展望デッキの背面では、ときおり戦闘機が離着陸しているのである。以前と場所が変わっていないといえば変わっていないともいえるのだ。

こうして新千歳空港へのアクセス鉄道は千歳線の枝線という形態になったものの、札幌へ便利なアクセス交通として機能していて、1時間に約4本を運行しているが、どの列車も高い乗車率である。

札幌方面行きの列車が発車する前に、その次の列車となる車両が折り返し列車としてホームに入線してくるが、1本やり過ごしてその列車を利用する人も多いほどで、空港発車時に席はほぼ埋まる状態である。そういう意味では成田空港や関西空港のアクセス列車より乗車率は高く思え、すべての列車が乗車券だけで利用できる快速列車だということも、安心して利用できる大きな要因になっているのではないだろうか。

成田空港と関西空港にはJRと私鉄双方が乗り入れていて、それぞれに特急料金の必要な特急列車と、乗車券だけで利用できる快速列車などがあるので、全4種の列車がある。新千歳空港では、JR北海道が鉄道アクセスを独占してしまっていることは事実だが、札幌までは全列車が快速列車なので、利用手段に迷うことがないという使いやすさがある。

新千歳空港発の快速「エアポート」は1時間にほぼ4本運転され、およそ、そのうち1本が札幌行き快速、2本が札幌経由小樽行き快速、1本が旭川行き快速で、旭川行きは札幌から特急「スーパーカムイ」となる。

札幌から特急になる列車だけは特急用789系5両編成、その他は721系近郊型の6両編成で運転。近郊型でも転換クロスシート車両なので、成田空港への快速列車などに比べると車両設備は格段にいい。全列車にトイレも設備されている。5両編成と6両編成の車両で運転されているので、列車によって輸送力の差が生じるような気もするが、789系は5両だが特急用のためドア数が少なく、座席数でいえば全列車がほぼ同じになる。

また、成田空港行きの快速は単に「エアポート」と愛称があるだけなのに対し、新千歳空港を発着する快速列車には「エアポート○○号」と号数がある。新千歳空港発着の快速列車には指定席車両があるためで、指定席券発行には列車を特定する必要があるので「○○号」という列車名が必要だったのである。本数が多いので在来線列車の号数としては日本最大といえ、「エアポート60号」から始まって「エアポート227号」まである。人気の理由には速さもあり、札幌駅～新千歳空港間を36分で走破し、快速列車で最高時速130キロを出す国内でも数少ない列車となっている。

快速「エアポート」の多くは観光地小樽に直通するほか、1時間に1本は快速列車がそのまま札幌から旭川行き特急「スーパーカムイ」となるので、岩見沢、滝川、深川、旭川方面からの新千歳空港利用を便利にしている。南千歳駅で乗り換えれば、苫小牧、室蘭、帯広、釧路方面への接続も図られており、新千歳空港の到着ロビーには、新千歳空港駅を発車する列車の電光板とともに、南千歳駅を発車する列車の電光板も掲げられている。

南千歳駅ではこうした乗り換えをスムーズにするために、ユニークな運用もされている。それは、南千歳駅では新千歳空港駅行き快速「エアポート」は苫小牧や帯広から到着するホームの反対側に、新千歳空港発の快速「エアポート」は苫小牧や帯広行きが発車するホームの反対側に到着し、乗り継ぎをスムーズにしている。こう書くと「当たり前」のことにも思われるが、日本では鉄道は道路と同じ左側通行だが、南千歳駅では、快速「エアポート」はその逆、右側通行で運行している。そのため南千歳駅の前後では快速列車が上り線から下り線へ、あるいは下り線から上り線へと、渡り線と呼ばれる線路をガッタンガッタンと車体をくねらせて走行している。

一般に日本では成田、関西、中部、どの空港のアクセス鉄道も、いわば中心地〜空港間の空港連絡鉄道といった感覚で運転されているが、新千歳空港を発着する空港アクセス鉄道は、札幌〜新千歳空港間に限らず、線路が繋がっていることを最大限に有効活用した面的なアクセス鉄道として機能している。

新千歳空港駅地下ホームからは旭川行き特急が出発（札幌までは快速）

こんな新千歳空港への快速「エアポート」だが、近年は新千歳空港内のショッピングやレストラン施設が充実し、航空旅客だけではなく、それらの施設目当てに空港を訪れる人が多くなっていることから、アクセス列車も利用率が高まっている。先日、札幌から快速「エアポート」に飛び乗ったが、あいにく、席は埋まっていて混雑していた。しかし、私はこの快速「エアポート」をよく利用しており、途中の新札幌か北広島辺りで降りる乗客も多く「空港まで座れないことはないだろう」と勝手に考えていた。ところが、予想は外れ空港到着まで混雑したままであった。札幌の住民がまるでショッピングセンターに行くかのような感覚で空港を訪れており、空港内も大混雑であった。空港には映画館、１００円ショップ、ラーメン道場、市電通り食堂街、そして温浴施設まである。

北海道は夏になると各地から多くの観光客がやってくるが、それとは別に通年で台湾や香港から、近年ではタイからの観光客も多く、快速「エアポート」は座れないということが多くなったように思う。ＪＲ北海道は新千歳空港行き列車の編成増強、あるいは増発などを考えなければならない時期に差し掛かっているのではないだろうか。

中部国際空港

【空港コード】ＮＧＯ
【年間利用者数】９１０万人（平成24年〈２０１２〉）
【所在地】愛知県常滑市
【名古屋駅からの直線距離】35キロ
【滑走路】３５００メートル×１
【空港アクセス鉄道】名古屋鉄道
【空港アクセス鉄道の運賃】名鉄名古屋〜中部国際空港間８５０円・特急料金３５０円
【空港アクセス鉄道の所要時間（最速）】名鉄名古屋〜中部国際空港間「ミュースカイ」28分、特急35分
【空港アクセス鉄道開業日】平成17年２月（開港と同時）
【空港開港日】平成17年２月

関西空港に続いて開港した海上空港

中部空港は、関西空港同様に、それまでの名古屋空港（小牧空港）が手狭になったことから、関西空港同様、土地買収や騒音問題の起こらない海上空港として建設され、平成17年（２００５）

に開港した。空港内はショッピング街や飲食店が充実していて、和風のエリアと洋風のエリアを分けるなど工夫が凝らされている。日本では珍しい、飛行機を眺めながら入浴できる温浴施設や、滑走路が間近の結婚式場があるなど、ユニークな施設も多い。

しかし、経済の低迷などから、新しい空港になったものの、見込み通りの利用者増になっていないという状況がここにもある。名古屋という立地から、東京や大阪への航空便はない。対する東海道・山陽新幹線はスピードアップや新型車両導入などで顧客を確保している。国内線航空旅客がなかなか増えないという土地柄なのである。では、国際線はどうだろうか。実は中部空港開港以前と現在を比べると、海外からの乗り入れ航空会社は減っているのである。新しく立派な空港ができているのに、乗り入れ航空会社が減っているというのはどういうことだろうか。

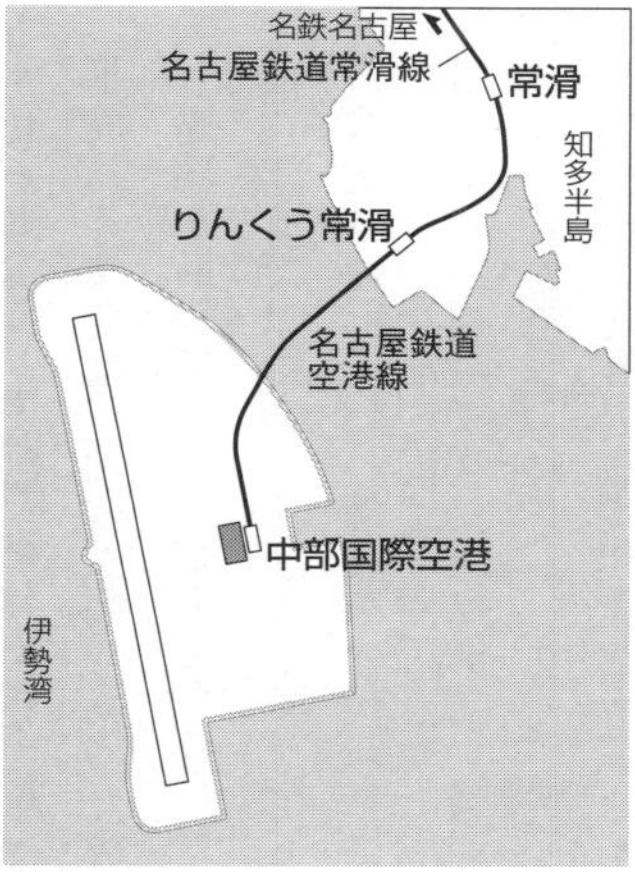

ここで日本の主要空港の状況を時系列でまとめると、平成６年の関西空港開港、平成14年の成田空港Ｂ滑走路暫定使用開始（２１８０メートル）、平成17年の中部空港開港、平成21年の成田空港Ｂ滑走路２５００メー

トル化、となる。中部空港は成田空港や関西空港の状況と大きく関わっている。

平成14年までは、国の玄関であった成田空港の滑走路が1本しかなく、多くの海外からの乗り入れ希望を断っていた。信じられないかもしれないが、現在、日本とベトナムは交流が盛んだが、平成14年まではそのベトナム航空すら成田には乗り入れていなかった。このような状況から、海外の航空会社は、いわば成田の代わりに関西や名古屋に多く乗り入れていたのである。成田空港に滑走路が1本しかなかった時代、名古屋空港にはアメリカ、ヨーロッパ、オセアニア、そして南米からの定期便もあった。手狭な駐機場はいつも機体で溢れていた。

ところが、成田空港にB滑走路ができ、発着枠に余裕ができると、航空会社としては名古屋に発着する意味がなくなってしまったというのが正直なところだろうか。やはり、どうしても東京圏、大阪圏に比べると、名古屋圏はマーケットとしては小さかったのである。現在は立派な施設を持ちながらも、中部空港開港前のほうが国際線は賑わっていたといわざるを得ないのである。

次に旧空港である名古屋飛行場（以下小牧空港）との関係はどうだろうか。大阪では、関西空港に対して伊丹空港の人気が高く、現在は経営の一体化がされているが、名古屋では状況が異なる。中部空港開港以降、国際線はすべて中部空港に、国内線もほとんどが中部空港に移転し、日本航空の小型ジェット機を使った便のみが小牧空港に残った。しかし、日本航空は経営破綻から小牧空港を撤退する。そして、代わりにフジドリームエアラインズが小牧空港を拠点にするという展開になった。フジドリームエアラインズは、静岡空港開港とほぼ同時に運航を始めた航空会社で、静岡の物流企業である鈴与《すずよ》が出資、静岡空港を拠点にするはずだった。しかし、静岡よりは小牧空港のほうがマーケット的には大きく、静岡より小牧空港に多くの便を集中させることになった。現在の小牧空港はフジドリームエアラインズ専用空港になっている。

地元としては、名古屋の空港を中部空港に一元化したかったという思いがあり、大阪のような旧空港に人気があるという状態ではない。また、大阪と異なる部分は、伊丹空港は民間機の乗り入れがなくなれば廃港となるわけだが、小牧空港は自衛隊の基地があるので、たとえ民間機の乗り入れがなくなっても空港そのものはなくならないという状況で、そのようなこともあってか、小牧空港の存続があまり話題にならないようである。ちなみに、この小牧空港は、中部空港が開港するまでは、国の管理する重要な空港と位置付けられた「名古屋空港」であったが、現在は「県営名古屋飛行場」となっている。

ミュースカイ、特急の特別車、一般車がうまく共存

成田空港へはＪＲと京成電鉄が、関西空港へはＪＲと南海がそれぞれ乗り入れていて、ひとつ

岐阜・名古屋と中部空港を結ぶ名古屋鉄道「ミュースカイ」

の空港に鉄道2社が競合して乗り入れているが、中部空港へは名古屋鉄道（以下名鉄）1社の乗り入れとなる。名鉄はもともと常滑まで線路が達していて、その路線を、海上橋を介して空港まで延ばしたのである。中部空港が開港した平成17年（2005）、空港開港と同時にアクセス鉄道も開通している。

鉄道アクセス輸送がうまく行われているということが感じられ、私は今までにバスを含めて名鉄以外のアクセス交通を利用したのは1回だけで、あとは迷わず名鉄を利用している。

およそ1時間あたり「ミュースカイ」と呼ばれる全席特別車の特急、一部特別車の特急、そして準急がそれぞれ2本ずつ運行される。「ミュースカイ」のみが乗車券に特別車両券をプラスしなければならない列車で、特急は一般車を利用すれば乗車券だけで利用できる。京成電鉄や南海では、乗車券だけで利用できる列車と特急料金が必要な列車にきっぱり分かれているのに対し、名鉄ではその中間的な存在があるという違いがある。

また、車内設備も京成電鉄や南海より優れていて、乗車券だけで利用できる特急の一般車でも、車内の約半分はクロスシートである。さらに「ミュースカイ」チケットと呼ばれる特別車両券も距離に関係なく一乗車３５０円と庶民的な価格となっている。中部空港行きの列車の多くは名鉄名古屋が始発ではなく、名鉄岐阜が始発になっているので、岐阜から中部空港まで「ミュースカイ」や特急の特別車に乗車しても特別車両券は３５０円となる。

駅の造りも好ましく、空港ターミナルへのアプローチがうまくできている。電車を降りてホーム、改札口、そして出発階へ。逆に到着階から電車に乗る場合も階段、エスカレーター、段差がない。出発階が3階、到着階が2階にあるのに、その双方へ、なぜ段差なく進むことができるのか、疑問に思われるであろう。

しかし、答えは簡単で、出発階が3階、到着階が2階にあるのに対し、空港駅に相当する「アクセスプラザ」は中3階の位置にあり、駅を出てスロープを動く歩道で少し上って出発階、駅を出てスロープを動く歩道で少し下って到着階へとつながっているのである。この駅と空港の間が双方向で段差なしというのは利用者にも評判がいいようである。荷物を載せたカートもスムーズに使うことができ、他の日本の空港に比べてカート利用者が多いようにも感じるほどである。

空港バスは次々に撤退、空港アクセスは名鉄が一人勝ち

中部空港利用者の多くはアクセス交通として名鉄を利用しているが、中部空港開港時には数々の空港バスが運行していた。現在、中部空港に乗り入れる空港バスを運行するのは、名鉄バス、知多《ちた》乗合、遠州鉄道、三重交通の4社であるが、開港直後はさまざまな県からの乗り入れがあった。愛知県内ではJR東海バス（名古屋駅新幹線口から）、豊鉄バス（豊橋から）、名鉄東部観光バス（蒲郡《がまごおり》から）、静岡県からはしずてつジャストライン（静岡から）、富士急シティバス（沼津から）、三重県からは八風《はっぷう》バス（桑名から）、岐阜県からは平和コーポレーション（中津川から）、さらに長野県からは松本電気鉄道（松本から）、川中島バス（長野から）、諏訪バス（茅野から）、伊那バス（箕輪《みのわ》から）の4社もが、そして福井県からも京福バス（福井から）が乗り入れていた。

現在、乗り入れているバス会社がたった4社なのに対し、すでに撤退したバス会社が11社もあり、異常ともいえる状況なのである。いかに中部空港開港時、空港利用者増加への期待が高かったかということを感じてしまう。多くのバス会社が参入・撤退した理由として、バス事業の規制が緩和され、参入することも撤退することも容易にできるようになったことも大いに影響してい

かつては福井と中部空港を結ぶバス路線もあった

る。

不調な空港バスに対して、空港アクセス交通として名鉄電車の一人勝ちになっているという状況も見えてくる。たとえば、中部空港開港以前は現在の県営名古屋飛行場（小牧空港）が名古屋の空の玄関であったが、当時は岐阜からの空港バスも数多く運行されていた。しかし、中部空港開港後は岐阜からの空港バスは一度も運行されていない。名鉄の空港特急「ミュースカイ」などが始発を名鉄岐阜としているので、バスを運行しても、鉄道には勝てないと、当初から考えられていたのであろう。あるいは岐阜からの空港バスを運行するとすれば、運行会社は岐阜乗合自動車ということになるが、同社は名鉄グループに属しているので、同じグループ内での競合を避けたいという考えがあったかもしれないが、いずれにしても中部空港の空港アクセスは名鉄が充実していたので、空港バスが入り込む余地がなかったように思われる。

　また、中部空港開港当初は、間接的ながらJR東海も空港アクセスに力を入れていた。JR東海バスが名古屋駅新幹線口から空港バスを運行していたが、JRとしては東海道新幹線と空港バスを接続させることで、遠方からの利用者も当て込んでいた。当時、名古屋駅のJRバスターミナルは新幹線改札とは逆の桜通口側にあったが、中部空港行き空港バスのみは新幹線改札口そばに停留所を設けて発着させるなど、東海道新幹線との接続を意識したのである。しかし、想定していたより利用者は少なく、中部空港開港から1年余り運行した後、平成18年にこの路線はなくなってしまった。やはり名古屋地区では名鉄のほうが強かったといえるだろう。

福岡空港

【空港コード】ＦＵＫ
【年間利用者数】１７４２万人（平成24年〈２０１２〉）
【所在地】福岡県福岡市
【博多駅からの直線距離】３キロ
【滑走路】２８００メートル×１
【空港アクセス鉄道】福岡市営地下鉄
【空港アクセス鉄道の運賃】博多〜福岡空港間２５０円
【空港アクセス鉄道の所要時間（最速）】博多〜福岡空港間５分
【空港アクセス鉄道開業日】平成４年３月
【空港開港日】昭和20年（１９４５）５月に軍の飛行場として開港。実質的な開港は昭和26年10月の日本航空就航時

中心地からの近さが福岡空港最大のメリット

福岡空港は日本で最も便利な空港といえるのではないだろうか。羽田、成田、新千歳に続き、日本の空港で年間利用者数の多い空港４位になるが、利用者の多い空港にもかかわらず中心地か

ら近いというのが利便性の理由である。日本の主要空港、また海外でも、利用者が多くなると、その乗客数をさばくために郊外に広大な土地を求め、その結果、利便性が失われるということは多々ある。福岡の場合「中心地から近い」というよりは、街の真ん中に空港があるといってもいいくらいの立地である。博多駅周辺にいても着陸してくる旅客機がよく見える近さだ。

しかし、市街地ゆえに問題がないわけでもない。近年はLCCの就航などで発着便数が増加しているが、敷地が狭く、拡張の余地がないという問題だ。1本の滑走路を挟むように国内線ターミナルと国際線ターミナルが向き合っているが、それぞれの誘導路が1本しかないため、機体がターミナルを離れても離陸までに10分、20分待たされるのは日常茶飯事となっている。

逆に、着陸しても、駐機場に到着するまでに、やはり10分、20分と待たされることもしばしばである。LCCなどは、わずかな時間で折り返さなければならないが、関係者はやきもきしているに違いない。滑走路の長さも2800メートルとやや長さが足りない。

日本の地方空港には3000メートル滑走路を持つ空港が少なくないが、3000メートルあれば大型機が欧米に直行できる長さである。しかし、実際は日本の地方空港からの国際線はアジア方面に小型機が飛ぶ程度なので、3000メートル滑走路は宝の持ち腐れとなっている。明らかに過剰投資なのである。その点、福岡空港からはKLMオランダ航空のアムステルダム直行便なども就航しており、もう少し滑走路の長さが欲しいところだが、用地難のため実現は難しいのである。かといって、郊外や海上に移転したのでは、福岡空港最大のメリットである利便性が失われてしまう。難しいところである。

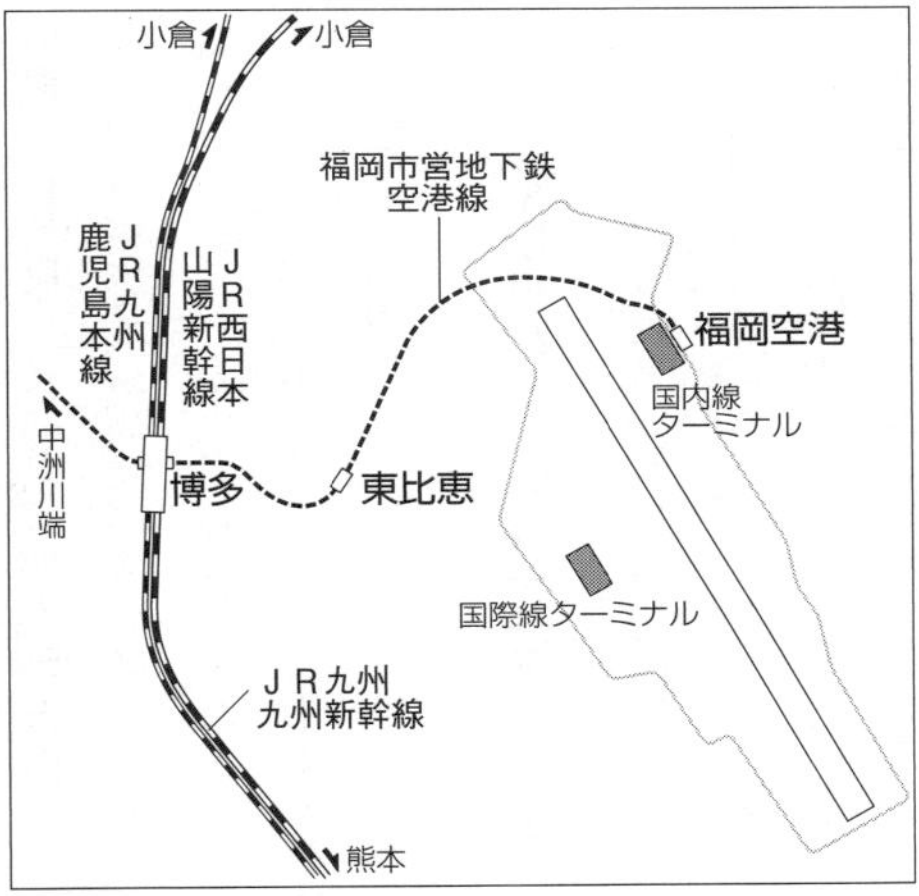

市街地に立地するため運用時間は成田空港より短い。朝は7時から、夜は22時で滑走路の運用が終わる。福岡発羽田行き最終便は21時30分、羽田発福岡行きは最終が20時と早い。新空港建設も課題となったが、同じ福岡県に深夜でも発着できる北九州空港、また隣県の佐賀空港も深夜発着が可能なことから、総合的な運用を考えるとして、ひとまずは現在の空港を生かしていく方向となっている。私もその方法が賢明だと考えるのである。

空港アクセス交通としては、福岡市内へは地下鉄で決まりといえるが、実は福岡空港では高速バスも空港アクセスとして重要な役割を果たしている。といっても空港～福岡市内間ではなく、空港と福岡県各地、大分県、佐賀県、長崎県、熊本県方面へのアクセスである。九州は空港アクセスという面だけではなく、日本で最も高速バスが発達している地域である。新千歳空港ではJR北海道が空港から札幌のみでなく、道内各地に便利なネットワークを築いていることを紹介したが、福岡では高速バスがその役割を担っている。新千歳も福岡も、空港アクセス交通がうまく機能している空港だと思うが、その中身はかなり異なる。

博多駅からたった5分で空港に到着

福岡空港は何といっても空港アクセスが便利なことで人気がある。空港アクセスが便利なことで福岡市そのものの株が上がっているといってもいいくらいである。空港アクセスが整っているというよりは空港が市街地から近いというのが人気の根本理由で、やはりどこの都市でも大きな空港を建設しようと中心地から空港が遠くなるばかりだが、どんなに空港アクセス交通を整えても、中心地から近い空港にはかなわないということを感じさせてしまうのが福岡である。そういう意味では、福岡市内と福岡空港は海外の諸都市とも十分に競争できる力を秘めていると思う。

たとえば、空港を10時に出発する国際線に乗るとして、2時間前に空港に到着するようにスケジュールを立てるとしても、福岡では中心部のホテルで朝食を食べてからでも十分間に合う。し

地下鉄が乗り入れる空港は全国でも福岡だけ

かし成田空港ではどうだろう。我が家は東京23区内にあるが、成田空港発10時の国際線に乗ろうと思うと、それこそ冬なら暗いうちに家を出なければ間に合わない。成田からソウルなどは飛行時間にして２時間半もかからないが、飛行機の出発時間までにその倍以上の時間を要してしまうのが東京の現実である。これは東京という都市にとっても大きなマイナスだと思う。

さらに、福岡空港が便利である理由のひとつに、福岡市営地下鉄という、普段の交通機関がそのまま国内線ターミナル直下に乗り入れていることもある。博多駅の次の次が福岡空港で所要はたった５分、運賃２５０円、福岡市最大の繁華街である天神からも11分、運賃は同じく２５０円である。成田、羽田、中部、関西のそれぞれの空港では乗り入れる鉄道の運賃に空港敷地に入る部分で加算運賃があり、割高な運賃となっているが、福岡市営地下鉄の場合は市内を走るのと同じ距離相応の運賃だというのもいいところであろう。

それにしては博多から次の次の駅である福岡空港までが250円というのは、東京の地下鉄の感覚からすると高額に感じるが、福岡市営地下鉄は初乗りが3キロまでで200円、以降7キロまでが250円で、博多〜福岡空港間は3・3キロとなり、300メートルの超過で250円となってしまうのである。一般に東京以外の都市の地下鉄は運賃が高水準である。

福岡市営地下鉄では西日本鉄道の市内バスが多くの路線でワンコインバス（運賃100円）を実施しているのに対抗して、隣の駅までの運賃を「おとなりきっぷ」として100円に設定しているので、博多から福岡空港に行く場合は、途中の東比恵《ひがしひえ》でいったん改札口を出ると、運賃が100円と100円で合計200円、普通に切符を購入するよりも50円安くなってしまうという矛盾は含んでいるのだが。

そこでお得情報も紹介しておこう。福岡へは東京や大阪から日帰りする機会もあるだろう。また、日帰り以外でも利用できるのだが、福岡市営地下鉄の1日乗車券は600円と割安である。初乗り運賃は東京に比べて高いのだが、路線数が少ないため東京などより1日乗車券は安めの料金設定になる。空港から使えて1日地下鉄が乗り放題になるので、これを購入することで交通費が安くなるケースは多いのではないだろうか。この1日乗車券、土曜、休日は「エコちかきっぷ」と名称を変えて５００円になるので、さらにお薦めの割引切符となる。私は福岡市内のホテルに宿泊し、空港に航空機撮影に出かけることもよくあるが、いつもこれら何らかの割引切符を利用している。

意外に良くない国際線ターミナルへのアクセス手段

福岡空港の空港アクセス交通で、国際線ターミナルは国内線ターミナルほど便利にはできていない。福岡空港の国際線ターミナルは平成11年（１９９９）に国内線ターミナルとは滑走路を挟んで反対側に立派なターミナルが建設された。しかし、国際線ターミナルには地下鉄駅はなく、また国内線ターミナルから遠く離れている。

国際線ターミナルへのアクセス方法は、国内線ターミナルから無料連絡バスが運行されていて、これを利用するのが一般的である。しかし、地図を見ると一目瞭然だが、福岡空港の国際線ターミナルは、どちらかというと国内線ターミナルより中心地側にあり、国際線ターミナルに向かうのにいったん国内線ターミナルを経由するというのは不合理に思える。また、国内線ターミナルから国際線ターミナルへ向かう無料連絡バスは、便数は頻繁にあるが、短い距離のわりには時間

意外とアクセスが悪い福岡空港国際線ターミナル

を要する。

空港敷地の中を走るため、バスが来ては厳重な門を開け、バスが通っては厳重な門を閉めといったことを行っているため、すぐそこに見えているのに時間がかかってしまうのだ。

そのため国際線ターミナルが完成した平成11年には西日本鉄道の路線バスが20〜30分間隔で博多駅と福岡空港国際線ターミナルの間を結んでいたのだが、国際線旅客だけでは数に限りがあり、そのバスは平成15年に廃止された。そして、このバス路線が平成23年に8年ぶりに復活したが、便数が以前より大幅に少なく、日中1時間以上も便がない時間帯もある。結局のところ、国際線ターミナルからも無料連絡バスでいったん国内線ターミナルに向かい、そこから地下鉄を利用するというのが一般的な福岡市内へのアクセス交通となっている。

福岡空港は国内線ターミナルの空港アクセスは便利だが、国際線の空港アクセス交通は今ひとつ、という状態が続いているのである。

ともあれ福岡空港は国際線を含めても、日本で最も空港に便利にアクセスできる都市だと思って間違いない。福岡は韓国と地理的に近く、交流が盛んだが、それには空港の便利さも一役買っているように思う。そういえば福岡は空港だけでなく、港も中心地と至近である。釜山行きのフェリーや高速船が発着する博多港国際ターミナルは博多駅からバスで約20分、天神からなら約10分の距離にあり、バスも頻繁に運行している。これなら確かに交流は気軽になる。一方の釜山港も中心地に位置するが、福岡だって負けておらず、駅、空港、港が釜山と互角に勝負できる位置関係にあるといっていいのだ。

福岡空港から九州各地へは高速バスが活躍

新千歳空港では、ＪＲ北海道の鉄道が空港直下の駅に乗り入れ、鉄道のネットワークを活用することで、札幌だけでなく、道内各地に便利なアクセス手段を構築している。が、ここ福岡空港では、その役目を高速バスが担っていて、福岡空港からは都市間バスが多く運行されていることは前述のとおりである。福岡空港を始発にするもの、市内の天神バスターミナルなどが始発で福岡空港を経由するもの、また空港での乗場も、国内線ターミナルが乗場の路線、国際線ターミナルが乗場の路線、双方を経由する路線などさまざまである。

福岡空港に乗り入れる都市間バスは、伊万里行きと唐津行き（昭和バス）、黒川温泉行き（九州産交バス、日田《ひた》バス）、日田行き（西日本鉄道、日田バス）、湯布院行き（日田バス、亀の井バス）が国内線ターミナルに乗り入れる（このほか筑豊地区からの便は多数）。次に佐世保行きとハウステンボス行き（西鉄高速バス、西肥《さいひ》自動車）、長崎行き（九州急行バス）、別府行き（西日本鉄道、西鉄高速バス、亀の井バス、日田バス）は国際線ターミナルに乗り入れている。これらは都市間輸送と、空港バスを兼ねていて、市内のバスターミナルを起点とし、福岡空港を経由して目的地へと向かうか、または空港を起点とし、市内を経由して目的地に向かう。このほか、福岡空港を起点にし、福岡市内を経由しない路線も小倉、久留米、荒尾、佐賀行き（西日本鉄道）、熊本行き（西日本鉄道、九州産交バス）がある。これらは日本最大のバス会社ともいえる西日本鉄道がリーダシップをとって運行しており、運賃も通常の都市間高速バス並みで利用しやすくなっている。

本書は空港バスが題材ではないので詳述は避けるが、長崎や湯布院に行くとして、大分空港や長崎空港を利用せず、福岡空港からアクセスすることは、意外なほど便利にできている。

第3章　鉄道アクセスがあるその他の空港

仙台空港

【空港コード】ＳＤＪ
【年間利用者数】２６７万人（平成24年〈２０１２〉）
【所在地】宮城県名取市、岩沼市
【仙台駅からの直線距離】14キロ
【滑走路】３０００メートル×１、１２００メートル×１
【空港アクセス鉄道】仙台空港鉄道
【空港アクセス鉄道の運賃】仙台〜仙台空港間６３０円
【空港アクセス鉄道の所要時間（最速）】仙台〜仙台空港間17分
【空港アクセス鉄道開業日】平成19年３月
【空港開港日】昭和15年（１９４０）１月に軍の飛行場として開港。実質的な開港は昭和32年４月の日本へリコプター輸送（現在のＡＮＡの前身の１社）就航時

新幹線が強い東北地域だが

仙台空港は東北で最も年間利用者数の多い空港である。しかし、その数は２６７万人と３００万人に満たない。東北で最も主要な空港に数えられる空港としては少ない数字だが、やはり仙台

には東北新幹線が通っていて、仙台空港からは羽田への便がないというのが一番大きく影響しているだろう。実際、東京に住んでいても、仙台空港を利用したことがないという人は多いだろう。仙台空港を発着する便で最も利用者が多いのは伊丹便、そして新千歳便と続く。そもそも東北は航空便の弱い地域といえ、東北6県すべてに新幹線が通っているということが大きく影響している。どうしても東北と経済的に結びつきが深いのは関東圏となるが、すると移動手段として最も便利なのは新幹線であろう。

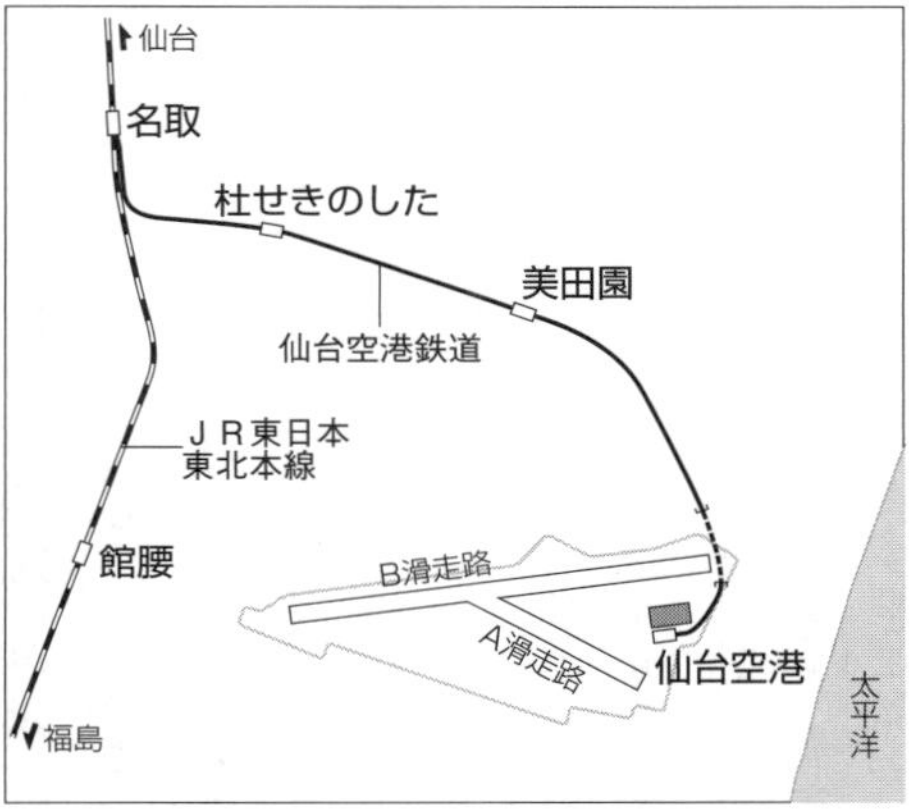

こんな仙台空港に、空港アクセスを主目的に鉄道が建設された。その名も「仙台空港鉄道」。それまでバスに頼っていた空港アクセス交通だが、現在は空港バスの類がすべて姿を消し、タクシーやマイカーなど以外では、この鉄道が唯一の空港アクセス交通として運行している。

第三セクター仙台空港鉄道が乗り入れ

全国には「そばを鉄道が通っている」という空港は意外

に多い。しかし、そばに鉄道が通っているからといってその線路を空港敷地にまで引っ張ってくるのは容易なことではない。そばを通っていた鉄道が実際に空港敷地まで乗り入れた例は新千歳など少ないが、その実例のひとつが仙台空港である。

仙台空港のそばにはＪＲ東北本線が通っていて、以前から列車に乗っていると仙台空港を離陸する機体を望むことができた。最も近い駅は館腰《たてこし》という駅で、ここからは宮城交通の連絡バスも運行されていた。

こんな状況のなか平成19年（２００７）、仙台空港鉄道によって空港アクセス鉄道が開業している。そばを通っていたのはＪＲ東日本であったが、名取駅から分岐して仙台空港までは別組織の第三セクター仙台空港鉄道の路線となり、宮城県、仙台市、名取市、そしてＪＲ東日本などが主な出資者となっている。しかし、仙台空港鉄道の列車は名取から仙台駅まで乗り入れているほか、ＪＲ東日本の車両も仙台空港に乗り入れる相互直通運転になっていて、全列車が仙台〜仙台空港間の運転である。車両もＪＲ東日本のＥ７２１系と同様のＳＡＴ７２１系電車が使用されていて、デザインだけが異なるというものである。

運転形態としては現実的な形となったが、運賃は仙台〜仙台空港間が６３０円となった。内訳は仙台〜名取間がＪＲ東日本の区間で２３０円、名取〜仙台空港間が仙台空港鉄道の区間で４０

0円、合計630円である。仙台～仙台空港間の距離は17・5キロなので、仮にJR東日本が直接乗り入れていれば運賃は320円だった距離であるが、空港への路線が別組織となったので距離のわりには割高となった。

しかし、仙台空港鉄道開業までの空港アクセスは仙台市営バスの空港バスが主体、バス運賃は910円だったので、鉄道の開業で空港が交通費的にも近くなったのは事実である。ただし、空港鉄道開業前にも仙台空港への格安ルートは存在していて、仙台から東北本線で空港に最も近い館腰へ、そこから宮城交通の空港連絡バスを利用すると、列車が230円、バスが310円で合計540円であった。鉄道が開業しても、従来の格安ルートの運賃は下回ることができなかったことになる。この館腰経由のルートは、乗り換えの手間はあるが、渋滞などに巻き込まれる心配もなく、仙台空港鉄道開業前は、主に地元の、いわば仙台空港を頻繁に利用している人など、慣れた利用者が多い空港へのルートであった。

ともあれ、仙台空港へは空港鉄道が開業したことで、空港利用者のうち、公共交通を利用するほとんどの旅客が仙台空港鉄道を利用するようになり、仙台空港を発着するバス会社はほとんどが姿を消した。過去には前述の仙台市営バス、宮城交通に加えて、愛子《あやし》観光バス、東日本急行、山形県の山交《やまこう》バスも乗り入れていたが、これらはすべて姿を消した。現在、仙台空港を発着する

空港に隣接する仙台空港駅

バス路線はコミュニティバスの岩沼市民バスのみになってしまったので、実質的には空港バスがまったくない空港となったのである。日本には鉄道が乗り入れる空港は多いものの、かといって空港バスが1便もない空港という例は、この仙台空港を除いてなく、ずいぶんと徹底が図られたという印象の空港である。

中部空港でも名鉄の一人勝ちと記したが、同じような現象が仙台空港でも見られる。姿を消したバス会社のうち、山交バスは宮城交通と共同運行で仙台空港〜山形間の空港バスを運行していた。山形空港を発着する航空便は少なく、国際線もないので山形県から仙台空港を利用する人は多い。そういった需要も、ＪＲ仙《せん》山《ざん》線と仙台空港鉄道を乗り継ぐというルートに奪われた格好になっている。やはり時間に正確な鉄道強しといった状況である。

しかし、これでも第三セクター仙台空港鉄道の経営状況は芳しいとはいえないようで、沿線には仙台空港駅以外に2駅が設けられたが、杜《もり》せきのした駅前には大型ショッピングセンターが開業したことなどから、空港利用客以外の取り込みにも力を注いでいる。

また、仙台空港鉄道は平成23年の東日本大震災時には大きな被害を受けた。仙台空港の滑走路にまで津波が押し寄せたことは、ニュース映像などで誰もが知っている通りだと思うが、仙台空港のターミナルビルは、東西に延びる滑走路の東側（太平洋寄り）にあるため、線路は仙台空港の敷地を東側に回り込むように敷設され、仙台空港直前では滑走路の地下を通っている。あの津波が押し寄せる映像では「空港が襲われた」という感覚になるが、実はあの地下部分を仙台空港鉄道が通っていたため、600メートル近くの線路が水没していたのである。

そのため、東日本大震災後、仙台空港は約1カ月で航空機の発着ができるまでに復旧したが、仙台空港鉄道が復旧するまでには半年以上を要したのである。

大阪国際空港（伊丹空港）

【空港コード】ＩＴＭ
【年間利用者数】１３２２万人（平成24年〈２０１２〉）
【所在地】兵庫県伊丹市、大阪府豊中市、池田市
【大阪駅からの直線距離】11キロ
【滑走路】３０００メートル×１、１８２８メートル×１
【空港アクセス鉄道】大阪高速鉄道
【空港アクセス鉄道の運賃】梅田〜蛍池〜伊丹空港間４２０円（阪急電鉄梅田〜蛍池間２２０円＋大阪高速鉄道蛍池〜大阪空港間２００円）
【空港アクセス鉄道の所要時間（最速）】梅田〜蛍池間急行13分・蛍池〜大阪空港間３分
【空港アクセス鉄道開業日】平成９年４月
【空港開港日】昭和14年（１９３９）１月（大阪第二飛行場として。ちなみに第一飛行場は計画のみに終わっている）

騒音問題が以降の空港に大きな影響を与えた

伊丹空港は年間利用者数が１３２２万人、関西空港は１５９１万人と、わずかではあるが関西空港のほうが利用者数は多い。しかし、これは平成24年（２０１２）の数字というだけで、平成

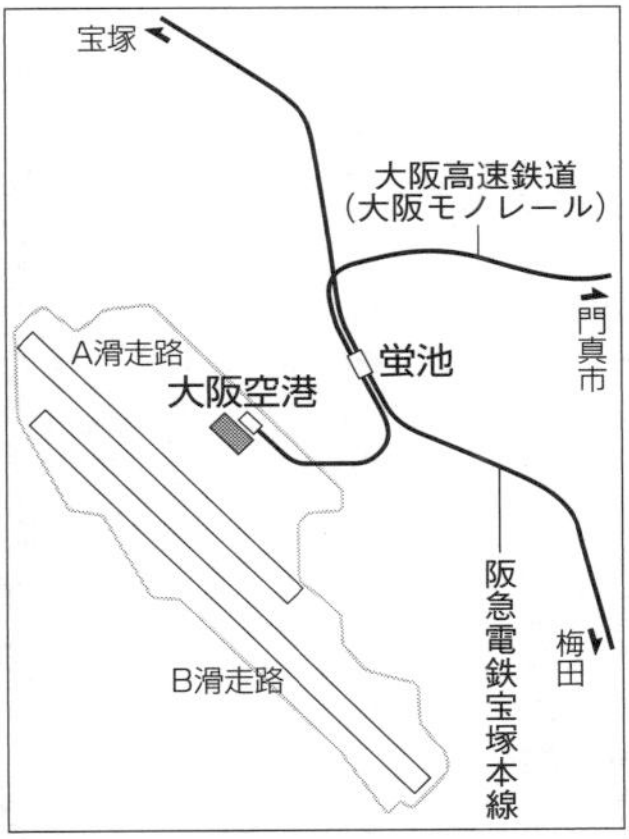

22年で比較すると、伊丹空港利用者が１４７９万人、関西空港利用者が１４２２万人なので、伊丹空港のほうが利用者数で勝っている。当然、関西空港の数字は国内線と国際線の合計、伊丹空港には国際線の発着がないので、国内線だけでこの数字をたたき出しているのである。いかに伊丹空港利用者が多いかがわかるであろう。

現在でも正式名称は「大阪国際空港」であるが、関西空港が開港した平成6年以降、国際線は一度も運航されておらず、国内線専用空港として運用されている。

この伊丹空港では、騒音問題から周辺住民と国が訴訟で争うという長い歴史があった。「公共性を考えても周辺地域の騒音は耐え難い」として、昭和50年（１９７５）以降、21時から翌朝7時までの発着が禁止されている。

夜21時で発着が終わってしまうというのは航空会社にとっては厳しい条件だ。日本航空やＡＮＡでは羽田発伊丹行き最終便を19時20～25分に設定している。日本の二大都市間の便が、夕食を食べてから乗るというのがままならない時間というのも妙な話である。この時間以降は関西空港行きとなり、24時間空港の関西空港行きなら羽田発21時45分が最終となる。

現在では考えられないかもしれないが、昭和40年代までは日本の国内線にも夜行便が飛んでいた。千歳〜羽田〜伊丹間「ポールスター」や羽田〜伊丹〜福岡間「ムーンライト」などで、愛称付きの便であった。夜行になるほどの所要時間にならないとも考えられるが、機材がYS−11などのプロペラ機だったため、現在よりも時間を要し、深夜発早朝着でこのような便が成り立っていたのである。

当時はまだ航空機を利用できる層は限られていたので、忙しい政治家や芸能人が多く利用していたという。現在から考えると、古き良き時代なのだろうか。平成18年からは、騒音の大きい3発機、4発機も発着できないこととなり、すでにこの空港にはジャンボ機の発着はない。

いずれにしても、この伊丹空港の騒音問題をひとつのきっかけにして、以降日本では海上空港が多くなるのである。

関西空港より伊丹空港に人気がある理由は

鉄道など時間に正確な交通機関が乗り入れている空港では、どの空港でもアクセス交通として鉄道が支持される傾向にある。仙台空港ではすでに空港バスの運行がなくなっているほか、中部空港も鉄道が乗り入れていることからか、空港の規模のわりには空港バスの数は少ない。

　しかし、すべての空港がこのような状況になっているわけでもない。伊丹空港には、平成9年（1997）、第三セクターの大阪高速鉄道が乗り入れるようになった。大阪高速鉄道？　と首を傾げる人も多いかもしれないが、大阪モノレールの正式名称である。

　このモノレールは伊丹空港の空港アクセスとしてはマイナーな存在である。大阪に頻繁に行っていても「伊丹空港にモノレールなんてあったっけ?」という人もおられるのではないだろうか。ではなぜ、このモノレールに人気がないかというと、大阪市中心部と空港を結ぶ交通機関ではないのだ。人気がないというよりこのモノレールは伊丹空港から大阪中心地には向かっておらず、大阪中心地を遠巻きにするように半環状の路線になっていて、千里や茨木に向かっている。

　大阪にはJRの大阪環状線があるが、このモノレールはさしずめ「外環状」といったスタイルに近いだろうか。このような路線網なので、伊丹空港を出ると、阪急電鉄（以下阪急）宝塚本線、北大阪急行電鉄（大阪市営地下鉄御堂筋線）、阪急京都本線、京阪電気鉄道と、次々に主要路線と接続するものの、モノレール自らは大阪中心地へ乗り入れることがないというのが利用者の少ない理由だ。ただし、千里中央など、ベッドタウンは通っているので、特定の地域に関しては空港アクセスとして便利な交通手段になっているはずだ。

伊丹空港からモノレールに1駅乗って、蛍池《ほたるがいけ》で下車、阪急宝塚本線に乗り換えると大阪キタの中心・梅田には比較的スムーズに出られる。阪急もこのルートの利用者獲得に力を入れていて、以前は各駅停車しか停まらなかった蛍池駅に急行を停車させるようにして、モノレールからの乗り継ぎ客への利便を図っている。運賃はモノレール200円+阪急220円で合計420円なのだが、乗り換えを嫌ってか、運賃は高いものの空港バスに人気があるのが実態である（空港バスは梅田まで620円）。

そのため、伊丹空港の空港アクセスで利用者が多いのは空港バスである。空港バスは新大阪、大阪、なんば、上本町《うえほんまち》、あべの橋など、大阪の主要地点に直通しているほか、神戸、京都方面へも運行していて、ネットワークが充実している。空港自体が中心地に近いので、バスのほうが高いといってもそれほど高額にはならないというのもバス利用者が多い理由であろう。

伊丹空港というと、年間利用者が1322万人あり、日本では羽田、成田、新千歳、福岡、那覇、関西に次いで利用者の多い空港である。伊丹空港は国内線しか発着していないにもかかわらず、関西空港とあまり変わらない利用者が、そして、中部空港の国内線と国際線の利用者数合計よりも多い利用者がある。「中心地に近い」という理由で利用者の支持を集めているわけで、そのわりには意外に空港アクセスは整っていないともいえる。1322万人の利用者の多くがバスに

伊丹空港へ乗り入れるモノレールは大阪中心地には向かわない

頼っていることになる。今までに大阪中心地に向かう空港アクセス鉄道が計画されていないほうが不思議なくらいともいえるだろう。

そのような伊丹空港を見て思うのは、やはり人気の空港は「中心地から近い」ということだ。いくら高速鉄道などの空港アクセスを充実させ、時間的な距離を短くしても、物理的に「遠い空港」は嫌われるということである。

日本では平成24年はＬＣＣ元年などと呼ばれ、成田から2社のＬＣＣが新千歳、福岡、沖縄などに5000円前後で飛べる格安便の運航をはじめたが、それでもいわれるのが「成田だけど」というセリフである。つまり「羽田じゃなくて成田に行けば格安フライトもある」といったニュアンスである。

実際には成田空港への格安バスも運行していて、成田空港へのアクセス価格も下がっている。何よりもＬＣＣは大手に比べてかなり安く、成田空港が遠くても、それは航空券本体の安さでカバーできるはずである。にもかかわらず「成田だけど」といわれるのは、やはり「遠い空港は嫌われる」ということなのであろう。アクセス方法によっては成田だって意外に所要時間は短くなっている。が、多くの人に「成田＝遠い」という印象が染み付いているのである。同様に、伊丹空港がそれほど設備や空港アクセスが整っているとは思えないのに「関空か〜」などというセリフをよく聞くことがあるのと共通している。

こんな伊丹空港だが、私はよく阪急蛍池駅まで歩いている。大荷物を持っての徒歩移動はお勧めしないが、この間は徒歩15分ほどである。モノレール１駅分で、モノレールはこの間１・４キロあるが、モノレールは空港を出てから半円を描くようにぐるりと弧を描いていて、空港からまっすぐ蛍池に向かえば歩けない距離ではない。モノレール代２００円をケチるというわけではないのだが、このモノレールが10分間隔で、発車直後にホームに入ると「歩いたほうがよかったかな?」などと思うことがあるのだ。阪急だけなら交通費は２２０円になる。伊丹空港にも格安アクセス手段があるのだ。

神戸空港

【空港コード】ＵＫＢ
【年間利用者数】２４８万人（平成24年〈２０１２〉）
【所在地】兵庫県神戸市
【三宮駅からの直線距離】７キロ
【滑走路】２５００メートル×１
【空港アクセス鉄道】神戸新交通
【空港アクセス鉄道の運賃】三宮～神戸空港間３２０円
【空港アクセス鉄道の所要時間(最速)】三宮～神戸空港間快速16分
【空港アクセス鉄道開業日】平成18年２月（開港と同時）
【空港開港日】平成18年２月

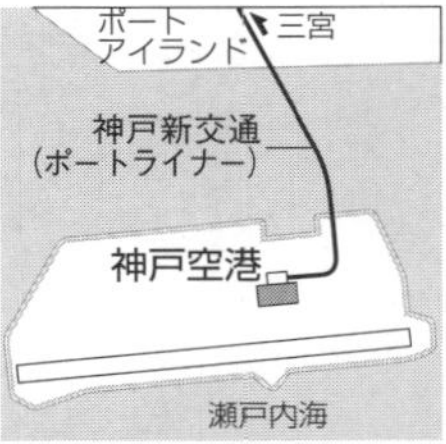

スカイマークが関西の拠点にする空港

不要論が囁かれながらも平成18年（２００６）に神戸空港は開港している。利用者数は神戸市が想定していた年間利用者３００万人超には及ばないが、平成24年で２４８万人の利用者があり、地方空港としては大きな数字となっている。開港時は日本航空、ＡＮＡともに乗り入れを始めた

が、その後日本航空は経営破綻などから撤退。代わって神戸空港の主となっているのは新興のスカイマークである。スカイマークは伊丹にも関西にも乗り入れておらず、神戸空港を関西地域での拠点にするようになった。後述するが、神戸空港は大阪へのアクセスも良く、スカイマークは賢い選択をしたのではと思われる。また、神戸空港側からすれば、日本航空撤退によって、「神戸空港不要論」が現実となるところだったが、まさにスカイマークによって救われたという部分は大きいであろう。

また、神戸空港開港によって関西の空は航空路が輻輳《ふくそう》することとなった。狭いエリアに伊丹、関西、神戸と3空港があるので、現在では一括して航空管制が行われている。中でも神戸空港では特異な運用も行われている。航空機は通常、離着陸時は向かい風で運航するので、滑走路の使い方はその日の風向きによって変わるものである。しかし、神戸空港では、原則的に東側からの着陸、東側への離陸は行わない。伊丹や関西の管制エリアと重複してしまうというのが理由である。周囲に高い山があるわけでもないのに、出入口が限られている特殊な空港である。神戸空港にいても、関西空港に着陸する機体が、どこの航空会社かがわかる程度に近くに見えるので、いかに空港同士が接近しているかが理解できる。

公共交通利用者のほとんどが「ポートライナー」を利用

神戸空港には開港と同時に、第三セクター神戸新交通が乗り入れている。「神戸新交通」と記すとわかりにくいが、神戸では「ポートライナー」と呼ばれてお馴染みの交通機関である。神戸空港は神戸市沖の瀬戸内海を埋め立てて造られた海上空港で、神戸空港島連絡橋（神戸スカイブリッジ）によって結ばれており、この橋はポートライナーと道路が並走するように建設されている（別々に造られているが橋脚は同じ）。ポートライナーが出発するのは神戸の中心ともいえる三宮《さんのみや》なので、空港利用者のほとんどはこのポートライナーを空港アクセス交通として利用している。

ポートライナーはやはり埋立地であったポートアイランドで昭和56年（1981）に行われた神戸ポートアイランド博覧会（ポートピア'81）に合わせて開業し、現在では地下鉄などでも広く採用されているホームドアを日本で初めて採用した交通機関であった。ゴムタイヤ駆動、運転士はおらず自動運転で、「モノレール」と呼ぶ人も多いが、「新交通システム」などと呼ばれた。

現在では東京の「ゆりかもめ」はじめ、広島の「アストラムライン」など、同種の交通機関が増えたが、その先駆けとなったのが、この神戸のポートライナーと、同じ昭和56年開業の大阪市「ニュートラム」であった。そのポートアイランドのさらに沖を埋め立てて建設されたのが神戸空港で、ポートライナーは神戸空港開港に合わせて空港まで延長されたのである。

空港乗り入れに際して、ゴムタイヤ駆動の交通機関としては珍しい「快速」も運転されるようになり、快速の場合、三宮〜神戸空港間の所要時間は16分である。このアクセスの良さから、「神戸空港」ではあるが、伊丹空港を補完する大阪第二の空港としての立地には十分といえ、三宮から大阪へはJR西日本ほか、阪急、阪神電気鉄道（以下阪神）と交通機関は充実している。

ポートライナーの利便性が高いため、神戸空港には空港バスといえるものは存在しない。路線バスが一部神戸空港を起終点にしているが、本数などからいって空港アクセスとして機能しているものではない。

神戸空港を発着するバス路線で最も便数が多いのは、意外にも四国の徳島行き高速バスで1日13往復が発着している。徳島からの神戸空港利用者が多いのはなぜ？　とも思われるが、徳島と神戸空港に深い関わりがあるわけではない。これは神戸と徳島を結ぶ都市間高速バスが、神戸空港を起終点にしているというだけのことである。つまり神戸空港利用者の中で、公共交通機関を利用している人は、ほとんどがポートライナーを利用していることになる。神戸空港の空港アクセスは「ポートライナーで決まり」というわけだ。

ポートライナーで三宮に出れば、大阪にはJR西日本、阪急、阪神と豊富なルートがあるほか、当然明石、姫路方面へも簡単にアクセスできる。神戸空港を大阪の空港として利用する人は多い。関西空港を大阪の空港とするよりも、梅田を例にすると所要時間、運賃ともに神戸空港のほうがずっと近い。運賃は神戸空港〜大阪間は630円（ポートライナー320円＋阪神310円）なのに対し、関西空港〜大阪間は最安運賃でも1060円（南海890円＋JR西日本大阪環状線170円）である。

神戸空港の地の利をうまく利用しているのはスカイマークで、神戸空港を関西地区の拠点空港とし、羽田空港同様に神戸空港からは国内7都市に就航している。スカイマークは伊丹空港には就航しておらず、関西空港へは過去に乗り入れた実績はあるが、現在は撤退している。神戸なら空港のアクセスがいいので、伊丹に発着する大手路線などにも対抗できると判断しているのであろう。神戸空港開港時は日本航空がワイドボディ機で羽田便などを開設したが、その後は経営破綻などから、合理化のため神戸空港から撤退しているが、それとは対照的な姿となっている。

こんな神戸空港だが、当初は関西新空港の候補地でもあった。関西空港は平成6年（1994）開港だが、伊丹空港だけでは将来行き詰まるということは1960年代から予想されており、昭和44年には当時の運輸省で関西新空港構想案の検討が始まっていて、神戸沖が有力視されていた。しかし神戸市は神戸沖に国際空港を建設することに反対、最終的には騒音問題などの起こりそう

神戸空港に乗り入れる「ポートライナー」

にない泉州沖が建設地となった。

当時は伊丹空港の騒音問題ほか、日本各地で騒音、公害などが問題視されていた時期であり、昭和39年には東海道新幹線が開通したこともあって「空港は規模を大きくし、中心地から遠くなったら新幹線でつなげばいい」といった考えが標準であった。年配の方なら、当時の近未来アニメなどに出てくる21世紀の世界というのは、鉄道から自家用車に至るまでが高速移動できる乗物になっていたのに記憶があるだろう。

結局は神戸にも空港が完成するのだが、伊丹空港周辺の騒音訴訟がなかったら、あるいは計画時期が少しずれていたなら、関西空港は神戸沖にあったかもしれないのだ。もしそうなっていたなら関西の地図もかなり違ったものになっていただろう。神戸空港の立地場所は、そもそも空港としては好条件の立地だったのだ。

美保飛行場（米子空港）

【空港コード】ＹＧＪ
【年間利用者数】46万人（平成24年〈２０１２〉）
【所在地】鳥取県境港市
【米子駅からの直線距離】12キロ
【滑走路】２５００メートル×１
【空港アクセス鉄道】ＪＲ西日本
【空港アクセス鉄道の運賃】米子〜米子空港間２３０円
【空港アクセス鉄道の所要時間（最速）】米子〜米子空港間27分
【空港アクセス鉄道開業日】平成10年6月
【空港開港日】昭和14年（１９３９）3月に軍の飛行場として開港。実質的な開港は昭和33年5月のＡＮＡ就航時

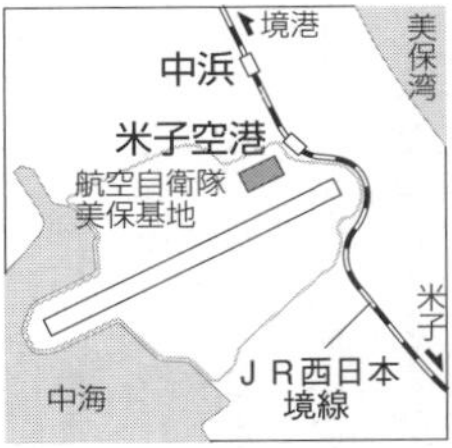

アクセス鉄道を持つ中で最もローカルな空港

美保《みほ》飛行場（以下米子《よなご》空港）は鳥取県の西に位置し、空港からは中海《なかうみ》や大山《だいせん》を望むことができる山陰の空港である。島根県にも近いことから、空港からは米子だけでなく松江行きの空港バス

も運行されている。鳥取県の空港であるが、県庁所在地の鳥取より、島根県の県庁所在地・松江に近く、鳥取、島根両県の空港といった位置付けにある。

しかし、ローカルな空港であることは間違いなく、年間利用者数は46万人、国内線はＡＮＡの羽田便のみ、国際線としてソウル便が週3便飛んでいるが、地方空港の中でもかなりローカルな空港である。日本で空港アクセス鉄道を持つ空港の中では、最も年間利用者数の少ない空港となる。もちろん、米子空港の場合、鉄道会社は空港アクセス鉄道を新たに敷いたのではなく、たまたま空港の前を走っていて、必要最小限の改良を行った程度なので、「巨費を投じて」というわけではないが。

それでは逆に、日本の空港アクセス鉄道を持たない空港で、最も年間利用者が多い空港はどこかというと、それは鹿児島空港になる。年間利用者数が４７１万人なので、米子空港の10倍以上の利用者がある。空港アクセス鉄道を持つ仙台空港、神戸空港などよりもずっと多い数字だ。しかも鹿児島空港は鹿児島市中心街から直線距離でも29キロも離れており、鉄道アクセスがあれば有効な交通手段に感じる。しかし、鹿児島空港では空港アクセス鉄道などという計画は聞いたことがない。実は鹿児島空港も、わりとそばをＪＲ九州肥薩《ひさつ》線が通っているのだが、それよりもずっと近くを通っているのが九州自動車道で、道路でのアクセスが便利なのである。一般にはバスより鉄道のほうが大量輸送手段として適合しているが、実際に個々の事例に当てはめると、その通りにはならないようである。

ところで、米子空港の正式名称が美保飛行場というのも意外に思うであろう。実際は空港ターミナルにも「米子空港」とあり、「美保飛行場」と呼ばれることはほとんどない。ではなぜそのような名称なのか。また「空港」ではなく、なぜ「飛行場」なのか。その答えはいささかお役所的な話になってしまうが、日本の多くの空港が国土交通省の管轄なのに対し、自衛隊の基地などは防衛省管轄で、こちらでは飛行場という名称を使っている。米子空港は航空自衛隊美保基地と共用の空港で、どちらかというと自衛隊がメインの施設になる。米子空港の展望デッキにいるとわかるが、ここでは民間機の発着より自衛隊機の発着のほうが頻繁に見ることができる。このような例としては、石川県の小松空港もあり、こちらも正式には「小松飛行場」となる。

ローカル線が空港アクセス列車となった

この米子空港のそばにはJR西日本境《さかい》線が国鉄時代から走っていた。その頃から境線の中浜《なかはま》駅という、ホームだけの無人駅は空港に近く、歩こうと思えば十分歩ける距離であった。この間を徒歩で移動し、無人駅から列車に乗る利用者もあり、私もこの間を歩いた経験がある。しかし、駅側も空港側もこの中浜駅を空港最寄り駅とは認識しておらず、駅と空港の間は最短距離で進む道はなく、あぜ道とまではいかないが、水田の中を突っ切るように進まなければならなかった。駅にも空港にも、行き方などの案内もなかった。

米子空港の年間利用者は46万人に満たず、JRも空港のそばを通っているからといって、巨費を投じて線路を空港まで延長したり、駅を造ったりする規模ではなかったのだ。

ところが、意外なことをきっかけに、境線は空港アクセス交通として機能することになる。そのきっかけとは米子空港の滑走路延長であった。鳥取県の地図を見ると、米子空港は弓ヶ浜半島という細長い砂洲にあり、その砂洲の幅はおよそ2キロちょっとしかなく、その中央をJR境線が走っていて、米子空港の滑走路は砂洲に対して直角に横たわっている。米子空港はそれまでの2000メートル滑走路を2500メートルに延長することを計画したが、そのためには中海上に延長するか、もしくはJR境線の線路を迂回させるしかなかった。

結果としては、より簡単な工事となる後者の方法によっての滑走路延長が決まった。そしてその際、JRの線路を敷き直すのであれば「空港に最も近いところに空港駅を」ということで、それまでの大篠津《おおしのづ》駅を800メートル北へ移転させて、駅名を大篠津から米子空港に改称したのである。こうなる以前は中浜駅というのが空港の最も近くにあった駅であることは前述したが、実

境線は米子空港の滑走路延長によって、カーブで大きく迂回を強いられたが、これを機に空港駅ができた

際には隣の駅であった大篠津駅が空港駅に抜擢された。米子空港駅は無人駅だが、空港まで連絡通路も建設された。また、それまでの大篠津駅は鳥取県米子市にあったが、800メートル移設した結果、境《さかい》港《みなと》市の駅となったのである。

こうして空港駅が完成したが、とくに航空便に合わせたダイヤになっているわけでも空港連絡列車が走るわけでもない。空港駅完成以前と完成以降では基本的に列車ダイヤは変わっておらず、空港の前に列車で行けるようになっただけ、というのが正直なところである。境港線は単線非電化のローカル線で、それは空港駅完成後も変わっていない。

そのため、空港バスは現在も健在で、空港アクセス交通としてはバスがメインであることも変わっていない。しかし、米子駅までの運賃はJRが230

円、バスは５７０円とかなりの差がある。所要時間はどちらも30分程度と変わらない。米子空港から境港に行く場合もＪＲが１８０円、バスは３７０円という運賃だ。やはり、列車は航空便到着に合わせて運行しているわけではないのと、本数が少ないというところがウィークポイントのようである。

また、この米子空港駅、ここまでに紹介した空港駅と異なる特徴がある。ここまでに紹介した空港駅は、すべてその路線の終点となっているが、米子空港駅は中間駅であるという点だ。終点駅か中間駅かはさしたる問題とも思えないだろうが、空港へのアクセス鉄道ではしばしば特別運賃が加算されていた。しかし、それは空港駅が終点だったからできたこととも考えられる。そうすると、空港駅が中間駅というのはそれなりにメリットがあることではないかと思える。

山口宇部空港

【空港コード】ＵＢＪ
【年間利用者数】85万人（平成24年〈２０１２〉）
【所在地】山口県宇部市
【宇部駅からの直線距離】９キロ
【滑走路】２５００メートル×１
【空港アクセス鉄道】ＪＲ西日本
【空港アクセス鉄道の運賃】宇部～草江間２３０円、新山口～草江間４００円
【空港アクセス鉄道の所要時間（最速）】宇部～草江間22分、新山口～草江間36分
【空港開港日】昭和41年（１９６６）7月（県営宇部空港として）

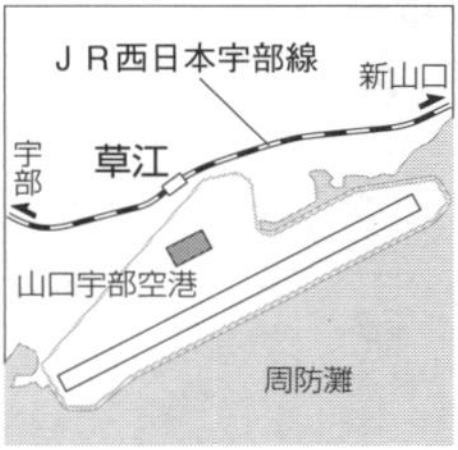

国際線がないのに国際線ターミナルがある

日本は狭い国土に立派な空港がたくさんある状況で、そのため地方空港の多くは利用者が伸び悩んでいるのが実情である。山口宇部空港も同様で、平成24年（２０１２）には同じ山口県に岩国空港が開港したほか、平成18年には北九州空港が新空港として開港しているが、その狭間にあるのが山口宇部空港なのである。山口宇部空港からは日本航空とＡＮＡが運航する羽田便が唯一

のルートで、大阪、新千歳、那覇便などはない。対する岩国空港も現在のところＡＮＡの羽田便が唯一のルートとなっているので条件はほぼ同じである。しかし、山口県で最も人口が多いのは下関市になり、下関からだと北九州空港のほうが近く、利便性が高いという状況がある。また、北九州空港からは国際線としてソウル便が飛んでいるが、山口宇部空港発着の定期国際線はない。ところが、山口宇部空港を訪ねると、驚くことに国内線ターミナルとは別棟で国際線ターミナルがある。山口宇部空港からは過去も含めて定期国際線が飛んでいた時期はないので、いわばチャーター便専用といっていいことになる。

ちょっと統計を調べてみたのだが、たとえば平成23年、山口宇部空港を発着した国際チャーター便は10回、つまり1カ月に1回もない状況で、乗降客数は２５２３人であった。この数字は「乗降」なので、１人が1回チャーター便でどこかに行って帰ってくると2人に数えられる。将来を見据えた施設なのかもしれないが、早期に国際定期便が就航することを望みたいものである。なぜこのようなことになっているかというと、国内線ターミナルを新築した際、旧ターミナルを国際線に転用したからである。

鉄道が空港アクセス機能を果たしているのに駅名は「草江駅」

草江駅は田んぼに隣接した無人駅だが山口宇部空港最寄り駅

空港駅を名乗っていないものの、鉄道が空港アクセスを果たしている空港が山口宇部空港である。空港のそばをJR西日本の宇部線が通っていて、空港最寄りに草江《くさえ》という無人駅がある。そこから空港ターミナルまでは徒歩5分ほど、大きな荷物を抱えていても10分はかからない距離である。宇部線は単線で列車本数が多いとはいえないが、宇部方向にも新山口方向にも出られるので、立派に空港アクセス鉄道としての機能は果たしている。山口宇部空港のホームページにもアクセス交通として宇部線は紹介されている。

実際に草江駅を訪ねてみると、ホームだけの無人駅で、小さな待合室が一応ある程度の駅だ。そこには空港連絡駅を感じさせるようなものは何もなかった。宇部線は単線であるが、草江駅には行き違い設備もなく、典型的なローカル線の駅で、目の前には水田が広がっ

宇部線を走る列車はほとんどが２両のワンマン運転

ている。「本当にそばに空港があるのか？」と思ってしまうような駅である。駅前に周辺地図があったので空港の位置を確認、水田を抜けて、幹線道路を渡ると確かに空港が現れた。まさに空港のそばをたまたま線路が通っている状況であった。

これなら、もう少し看板や標識を充実させ、奇麗なトイレなどを設置すれば、十分「空港駅」としても成り立ちそうであった。しかし、ＪＲ西日本が空港アクセス列車を走らせる気配はない。これは第４章の岩手県の花巻空港の項で後述するが、空港のそばを線路が通っていたからといって、簡単には駅名を変更することができない理由があるのだ。

宮崎空港

【空港コード】ＫＭＩ
【年間利用者数】２６６万人（平成24年〈２０１２〉）
【所在地】宮崎県宮崎市
【宮崎駅からの直線距離】5キロ
【滑走路】２５００メートル×１
【空港アクセス鉄道】ＪＲ九州
【空港アクセス鉄道の運賃】宮崎〜宮崎空港間３４０円
【空港アクセス鉄道の所要時間（最速）】宮崎〜宮崎空港間８分
【空港アクセス鉄道開業日】平成8年7月
【空港開港日】昭和18年（１９４３）12月に軍の飛行場として開港。実質的な開港は昭和29年11月の極東航空（現在のＡＮＡの前身の1社）就航時

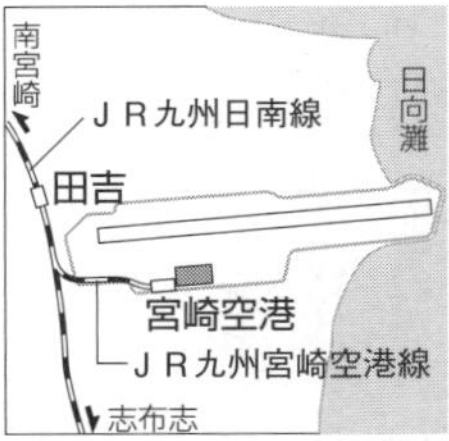

ソラシドエアが拠点とする空港

宮崎空港の年間利用者数は、九州では福岡、鹿児島、熊本に次いでの数となる。一般的には長崎や大分よりも少なく感じてしまうが、宮崎は九州の中では最も陸上交通が不便な地にあるので、

その分、航空旅客が多くなるということであろうか。

日本の国内線では平成24年（2012）に本格的なLCCが飛び始めたが、空の価格破壊に大きく貢献したのは平成10年のスカイマークエアラインズ（現在のスカイマーク）就航という出来事が大きかったであろう。そしてその頃は新規参入航空会社が相次いだ。エア・ドゥ（当時の正式社名は北海道国際航空）が続き、3番目に就航したのがスカイネットアジア航空で、この宮崎に本社を置き、宮崎空港を拠点にしたのである。その後、スカイネットアジア航空は経営難からANAとの提携という道をたどり、現在は「ソラシドエア」というブランドで飛ぶようになった。発足当時とは会社の目指すところがかなり変わってしまったが、宮崎路線をメインにしている部分は現在も同じである。そういう意味では、新興航空会社が初めて拠点にした地方ローカル空港が宮崎空港であったのだ。

鉄道駅があるが、利便性はバスが上回る

仙台空港同様に、空港のそばを鉄道が通っていたので、鉄道を空港に延長したという例が宮崎である。鉄道が南北に通り、東に海があって、空港の滑走路は鉄道の東側を海岸や線路に対して直角、つまり東西に位置しているということで、仙台空港の経緯と酷似した関係である。唯一の

違いは、仙台空港のターミナルビルが滑走路の東端にあったのに対し、宮崎空港のターミナルビルは滑走路の西端にあったため、仙台空港よりさらに線路に近かったということである。空港乗り入れに際して新たに敷いた線路はわずか１・４キロに過ぎなかった。こうして平成８年（１９９６）、ＪＲ九州の宮崎空港線は開通、総延長１・４キロの宮崎空港線はＪＲで最も短い路線となったのである。

宮崎空港はもともと中心地から近い空港であったが、宮崎空港線の開業により宮崎空港～宮崎間は鉄道で9～15分程度で結ばれるようになり、運賃も３４０円と手頃な価格となった。仙台空港鉄道のように空港線部分だけが別会社とならなかったのが幸いしているのだ。しかし、宮崎空港～宮崎間は距離にして10キロにも満たず、本来のＪＲ九州の運賃ならば２２０円の距離で、トンネルを掘るなどの大掛かりな工事がなかったにもかかわらず、ここでも空港線加算運賃１２０円がプラスされている。

このように鉄道アクセスが整った宮崎空港であるが、利用者の実態はというと、実は空港バス利用者が多いというのが現実である。宮崎空港線からローカル線の日南《にちなん》線に入り、さらに日豊《にっぽう》本線に入って宮崎に達する。このルートは電化されているものの全線が単線で、列車本数が少なく、航空ダイヤに合わせて列車を運行しているわけでもない。真っ昼間に1時間近く列車がない時間

空港に隣接するJR九州宮崎空港駅

帯すらある。宮崎空港からは大分方面への特急列車があり、宮崎空港〜宮崎間は特急列車であっても特急券不要として集客に努めているが、列車本数が少ないのと、たとえば毎時00分と30分出発などといったきれいなダイヤになっていないのがネックに思われる。

年間利用者数266万人の宮崎空港、地方空港としてそれほど多くの利用者がいるとは思えないが、鉄道アクセスがあるにもかかわらず、バスの利便性が高くなるほどバスの本数があるのはなぜかと思うと、そこには宮崎空港の立地における特徴がある。通常、宮崎空港程度の規模の空港の場合、空港バスは「連絡バス」といって、ある特定の航空便に対してその便の到着15分後くらいに空港を出発する。飛行機の到着が遅れればバスも遅れて発車するというものだ。

ところが、宮崎空港では「連絡バス」のシステムではなく、定期バスとして30分に１本は宮崎駅行きが発車する。なぜそれだけの利用者がいるかといえば、空港バスではなく、宮崎〜都城《みやこのじょう》間、宮崎〜日南間の都市間バスが空港を経由するという路線構成になっているのだ。宮崎駅を出発したバスは、宮崎空港に到着したからといって乗客全員が降りるわけではない。そのため宮崎〜宮崎空港間だけでなく、空港から都城や日南へのアクセスも良くなっている。宮崎空港〜宮崎間の運賃は鉄道３４０円に対し、バスは４３０円だが、利便性の良さでバスのほうが多くの利用者を集めている。

ただし、宮崎県で出張需要などが多いのは県庁所在地の宮崎市内より、むしろ旭化成城下町といわれる県北部の延岡《のべおか》などで、ＪＲは宮崎空港発の日豊本線の延岡行き特急「ひゅうが」や大分行き特急「にちりん」などを運転しており、宮崎県北部からのアクセスは宮崎空港線のおかげで、かなり改善されたのである。

那覇空港

【空港コード】ＯＫＡ
【年間利用者数】1511万人（平成24年〈2012〉）
【所在地】沖縄県那覇市
【旭橋バスターミナルからの直線距離】3キロ
【滑走路】3000メートル×1
【空港アクセス鉄道】沖縄都市モノレール
【空港アクセス鉄道の運賃】旭橋～那覇空港間260円
【空港アクセス鉄道の所要時間(最速)】旭橋～那覇空港間10分
【空港アクセス鉄道開業日】平成15年8月
【空港開港日】昭和8年（1933）年8月に軍の飛行場として開港、昭和20年にアメリカ軍に占領される。日本の空港としての実質的な開港は昭和47年5月の沖縄日本返還時

一年を通じて賑わっている那覇空港

那覇空港は年間利用者数1511万人、新千歳空港の年間利用者数が1746万人なので、新千歳と那覇は北と南の双璧を成す主要な空港である。しかし、新千歳空港に比べると那覇空港で

は出張需要は少なく、その分、観光客が多い。また、沖縄県には石垣島、宮古島はじめ離島が多く、これらの島との間は実質的には航空路が唯一の交通手段になり、離島便が多いということも、利用者数が多い要因になっている。たとえば、那覇空港から最も利用者の多いのは羽田便、次いで福岡便となるが、3番目に多いのは石垣便になる。それほどに那覇〜石垣間の需要は高く、1年間の利用者数は羽田発着の北九州便より多いのである。

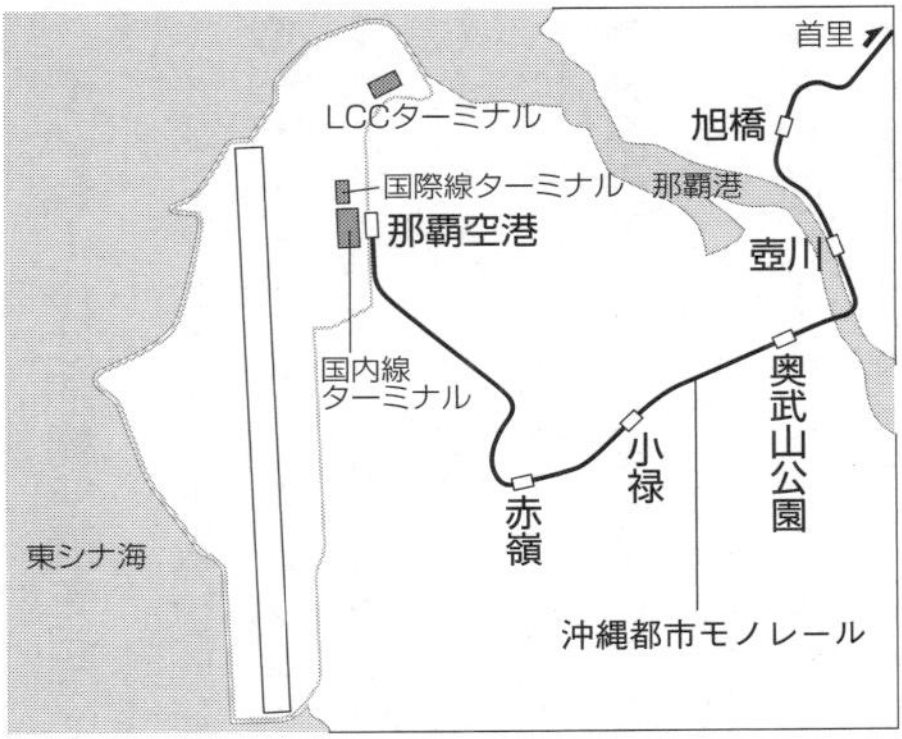

温暖な気候のため、年間を通じて観光客が多いというところが沖縄の強みで、やはり沖縄は日本一のバカンスアイランドといえるだろう。

現在はアジアからの観光客も多く、モノレールに乗ると、たった2両編成の車両ではあるが、必ずアジアからの観光客の姿を見るほどになった。それほどに沖縄のモノレールは、空港アクセス交通として、そして市内の移動手段として定着している。

モノレールは那覇空港を起点とする

平成15年（2003）、沖縄県初の鉄道といえる「ゆいレール」こと沖縄都市モノレールが開業、第三セクター方式によるモノレールである。路線は那覇空港を起点にしていて、沖縄県は鉄道開業と同時に空港アクセス鉄道も持つことになった。それまでも路線バスや高速バスが空港を起点にしていて、鉄道のなかった沖縄では、以前から交通の起点が空港というのがスタンダードであった。そういう意味では沖縄以外の日本の各都市の空港アクセス鉄道とは少し意味合いが違う。沖縄以外でアクセス鉄道というと、中心地のターミナル駅から空港へ向かう鉄道という位置付けになるが、沖縄では町の中心が鉄道駅ということにはなっておらず（そもそも駅がない）、モノレールの路線は那覇空港を起点とし、バスターミナルのある旭橋を経由、県庁前、国際大通りと交差する牧志などを経由し、観光スポットのある首里《しゅり》城公園に近い首里に至る路線となった。

鉄道のない沖縄では空港が交通機関の起点となるのはごく自然で、あえて空港アクセスを意識してのルートには感じない。利用者も空港アクセスというよりは、都市内の、ごく普通の乗物として利用している。沖縄では同じ県内の石垣島に行くにも宮古島に行くにも空路となり、空港は県民にとって本州で考えるより身近な存在である。

那覇空港を起点とするゆいレールこと沖縄都市モノレール

沖縄都市モノレールには日本ではここだけという、旅行者にも使いやすい制度がある。それは1日券、2日券といった割引切符があることだが、通常、日本で都市交通などの1日券といえば、日付でその日1日が乗り放題になるというルールである。始発から終電までといってもいいだろう。

ところが、沖縄都市モノレールの1日券は、正確には1日ではなく24時間、2日券は48時間有効だ。たとえばある日の13時に最初に改札機に通した場合、翌日の13時まで有効になる。これならお昼頃に飛行機で那覇空港に到着し、「今から1日券じゃもったいないか？」などと思わなくてすみ、フェアなシステムである。日本の鉄道会社の1日券では24時間制というのは沖縄都市モノレールが唯一の存在だが、ヨーロッパなどでは普及しているシステムなので、他の都市にも波及してもらいたいものである。

那覇空港で気をつけなければならないのは、LCCターミナルができたことであろうか。近年、便数を増やしている日本の国内線LCCだが、那覇空港にはピーチ・アビエーション、ジェットスター・ジャパン、エアアジア・ジャパンの3社ともが乗り入れており、このうちピーチ・アビエーションとエアアジア・ジャパンはLCCターミナルを発着する。

ところがLCCターミナルは従来の国内線や国際線ターミナルとは離れた位置にあり、さらに制限区域内にあるので、徒歩での連絡もできず、唯一のLCCターミナルへのアクセス方法が、国内線ターミナルからの無料循環バス利用となっている。LCCターミナルを利用する場合はモノレール下車後、このバスに乗り継がなければならないので注意が必要、従来より時間に余裕を持って空港に行くようにしなければならない。

第4章

そのほか、鉄道がアクセスに関係している空港

広島空港

【空港コード】ＨＩＪ
【年間利用者数】２６９万人（平成24年〈２０１２〉）
【所在地】広島県三原市
【広島駅からの直線距離】41キロ
【滑走路】３０００メートル×1
【空港への最寄り駅】ＪＲ西日本山陽本線白市駅
【最寄り駅からの直線距離】８キロ
【空港開港日】平成５年10月（新広島空港として）

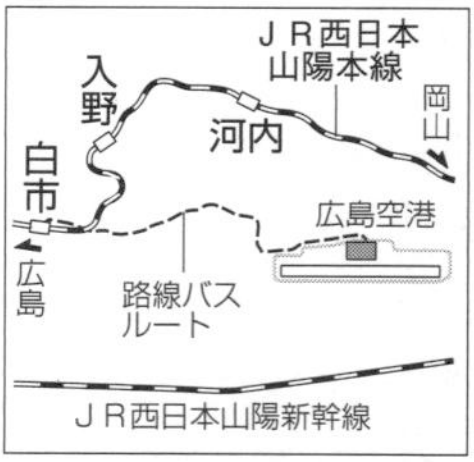

中国地方一の主要な空港

広島空港は中国地方で最も利用者の多い空港である。利用者が多いのは羽田便で、以下新千歳、那覇便と続く。東京から大阪までは航空より新幹線、東京から福岡では新幹線より航空が有利といわれるが、広島くらいの距離は微妙なところで、人によって航空派、新幹線派と分かれるところである。しかし、広島空港は中国地方で最も利用者の多い空港であるにもかかわらず、いまだにＬＣＣが一便も飛んでいないどころか、スカイマークなどの新興航空会社も一度も発着していない。おそらく需要の多くが観光客ではなく、出張需要などで、いわゆる「格安系」の航空会社が馴染まない地域性があるのかもしれない。しかし、この先ＬＣＣなどが就航することで、新しい展開がありそうな空港だとは思える。

現在の広島空港は平成５年（１９９３）に開港した、比較的新しい空港である。旧空港は市街地に近い便利な空港であったが、地形が複雑で高度な着陸誘導装置の設置ができず、視界不良による欠航が多かったのである。

ところで、広島空港はじめ、青森空港（昭和62年〈１９８７〉開港）、福島空港（平成５年開港）、岡山空港（昭和63年開港）なども、比較的新しい空港だが、これらの空港には共通した特徴がある。それは山や丘を切り崩して台地状にし、そこに建設されているということである。空港バスなどでこれらの空港に向かうと、空港到着間近で急坂を上ることになる。こういった地形を利用しなければ土地の確保ができなかったともいえるが、メリットもある。それは滑走路が高い位置にあるため、着陸態勢に入った航空機でも高度が高いということになり、平地にある民家などに届く騒音が少なくなるのである。これも伊丹空港の騒音訴訟の教訓から学んだ知恵といってもいいだろう。

広島空港最寄りの白市駅で出発を待つ山陽本線の広島方面行き列車

ＪＲも空港アクセスに参戦している

広島空港の空港アクセスというと広島電鉄、広島交通、広島バス、芸陽《げいよう》バス、中国ＪＲバスの５社が同じデザインの車両を揃えるなど空港バスが充実しているという印象があるが、実はＪＲ西日本も空港アクセスに参戦している。広島空港のホームページ、また空港が出している時刻表には空港アクセス交通としてＪＲ山陽本線の時刻も掲載されている。

広島空港は平成５年（１９９３）に現在の場所に開港したが、やはり旧空港と比較すると、広島市内からかなり遠くなった。広島空港のある場所は住所でいうと広島県三原市になっている。三原というと、山陽新幹線で広島駅の２つ手前の駅になる。空港が遠くなったことから、東京～広島間は新幹線利用者が多くなっ

白市駅と広島空港を結ぶのは芸陽バス

たといわれたほどでもあった。

そして、この広島空港はJR西日本山陽本線の近くに位置していて、白市《しらいち》駅から芸陽バスが連絡バスを走らせることで、山陽本線が空港アクセスとして機能している。広島～広島空港間で比較すると空港バスは所要45分、運賃1300円に対し、鉄道＋連絡バスの所要は鉄道43分＋バス15分、運賃は鉄道740円＋バス380円＝1120円。鉄道を使っても乗り継ぎとなるため、決して鉄道は有利ではないが、白市に行く列車は多くが岩国を始発にし、宮島口、廿日市《はつかいち》、五日市《いつかいち》、西広島、横川《よこかわ》など、利用者の多い駅で丹念に客を拾って行けるという強みを持っていて、実際、白市で空港行きバスに乗り換える利用者は多いのだ。

熊本空港

【空港コード】ＫＭＪ
【年間利用者数】２９１万人（平成24年〈２０１２〉）
【所在地】熊本県上益城郡益城町
【熊本駅からの直線距離】17キロ
【滑走路】３０００メートル×１
【空港への最寄り駅】ＪＲ九州豊肥本線肥後大津駅
【最寄り駅からの直線距離】５キロ
【空港開港日】昭和46年（１９７１）４月（新熊本空港として）

天草へのローカル便も飛ぶ

福岡、鹿児島に次いで九州で3番目、全国でもベスト10に入る利用者の多い空港である。利用者はダントツで羽田便利用者が多い。国際線も飛ぶがソウル便のみ。変わった便としては熊本県内路線として、熊本～天草《あまくさ》間のローカル便が飛んでいる。熊本～天草間に飛行機が飛ぶほどの需要があるのか、と思われるが、利用者の多くは乗り継ぎで、羽田～熊本間を大手航空会社で飛び、

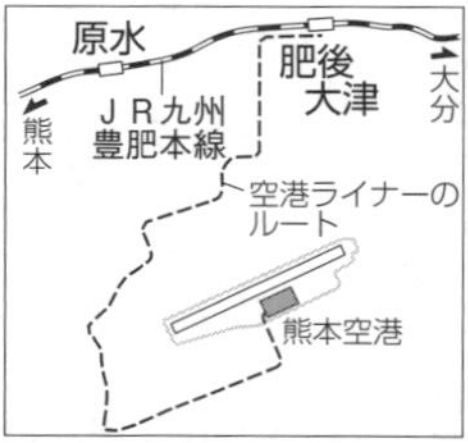

熊本〜天草間は天草エアラインというローカルな便に乗り継ぐのである。

熊本空港でも鉄道を利用する試みが

広島空港同様に、空港に直接鉄道は乗り入れていないものの、空港アクセスに鉄道を利用しようという試みは熊本でも実施されている。熊本空港はＪＲ九州豊肥《ほうひ》本線肥後大津駅からは、直線距離だと5キロの場所に位置している。豊肥本線は本線といっても全線が単線のいわばローカル線であるが、熊本〜肥後大津間は電化されていて、比較的列車本数が多く、30分に１本程度は列車が走っている状態である。

そこで熊本空港〜肥後大津間にバスなどを走らせ、空港アクセス交通として機能させることが模索されており、現在はこの間を「空港ライナー」が無料で運行している。実際に運行しているのは地元のタクシー会社で、ジャンボタクシーもあれば通常のタクシー車両でも運行しているようで、私が利用したときは通常車両であった。現在は試みの運行なので、熊本県がタクシー会社に委託運行を行っているという段階である。

肥後大津〜熊本間は普通列車で所要時間35分、４５０円。「空港ライナー」の所要時間は10〜15分といったところであった。対する九州産交バスが運行する空港バスは、熊本空港〜熊本交通セ

「空港ライナー」はタクシーで試験運行を行っている

ンター間は46分、熊本空港～熊本駅間は53分、運賃はともに670円である。空港バスのルートは交通渋滞に巻き込まれる可能性が高く、私も何度か利用しているが、定時制という意味では低いといわざるを得ない。

　バスは熊本空港を出て、自衛隊前を過ぎたあたりから路面電車と同じ道を走り、県庁前、味噌天神でJR豊肥本線の新水前寺駅と接続、繁華街の通町筋《とおりちょうすじ》、熊本城などにも近く、熊本市の中心となる熊本交通センターを経由し、熊本駅に達する。私が思うには、路面電車通りは、路面電車が線路部分を占有、中間の車線は自家用車、となればバスは歩道側のバスレーンを走行するしかなく、それが遅延の原因に感じる。こう書くと「バスレーンがあるならスイスイ走れるのでは？」と思う方も多いことだろう。ところが九州、とくに福岡市や熊本市はバスが発達していて、バスの量がものすごく多いのである。この区間は数多くの路線バス、また熊本を起点にする高速バスも東京などでは考えられないくらいの頻度で通っている。そのためバスだけでも渋滞していることを感じる。県庁前などで下車するなら明らかに空港バスが便利であるが、熊本駅が目的地であれば、肥後大津に出てＪＲ豊肥本線を利用したほうが速そうで、時間も読める。また阿蘇方面へ向かうなら断然、肥後大津駅経由が便利である。

こういったルートがあることを告知すれば、広島同様にそれなりの需要はあるルートだと思える。だが問題もあり、ＪＲ豊肥本線の列車運転間隔が、たとえば00分、30分発などと揃っていないこと、普通列車の運転間隔があいていて、特急列車しかない時間帯もあるが、特急列車乗車には特急料金３００円が必要で、特急列車に乗ってまでこのルートを使うほどのメリットもないというところであろうか。

札幌飛行場（丘珠空港）

【空港コード】ＯＫＤ
【年間利用者数】14万人（平成24年〈２０１２〉）
【所在地】北海道札幌市
【札幌駅からの直線距離】６キロ
【滑走路】１５００メートル×１
【空港への最寄り駅】札幌市営地下鉄東豊線栄町駅
【最寄り駅からの直線距離】１キロ
【空港開港日】昭和17年（１９４２）９月に軍の飛行場として開港。実質的な開港は昭和31年６月の北日本航空（日本航空の前身の１社）就航時

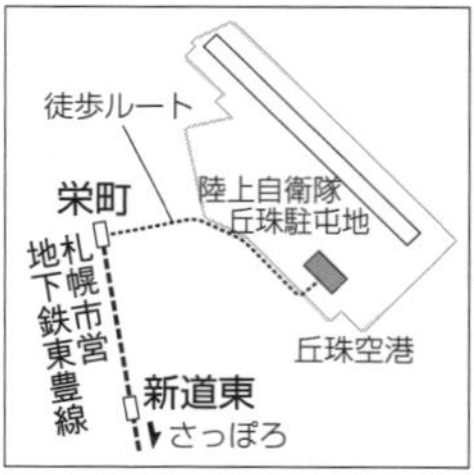

道民のためのローカル空港

札幌の空港というと、どうしても新千歳空港ということになってしまうが、札幌市内に札幌飛行場（以下丘珠《おかだま》空港）というローカル空港がある。自衛隊との共用空港で、滑走路が１５００メートルしかないため、プロペラ便のみが就航している小さな空港だ。かつては日本航空系列、ＡＮＡ系列の道内プロペラ便が発着していたので賑わっていた空港である。北海道は道内といえど

も函館、釧路、女満別《めまんべつ》、中標津《なかしべつ》、稚内などへは陸路では遠く、札幌のビジネスマンは丘珠空港から航空機で飛ぶことが多かったのである。しかし、丘珠空港発着では東京や大阪からの需要は取り込めない。まさか本州から新千歳空港に到着し、丘珠空港から飛ぶということはないだろうし、新千歳空港〜丘珠空港間には連絡バスなどはない。つまり新千歳空港との連絡は想定されておらず、需要もない。ここ丘珠空港を利用するのは北海道民ということになる。

平成22年（２０１０）、ＡＮＡは丘珠空港発着の道内便を新千歳空港発着に変更し、この空港から撤退した。道内の利用者より本州からなどの乗り継ぎを優先したのである。

一方の日本航空系列は日本航空の経営破綻などにより、路線撤退というよりは、丘珠発着便を運航していた道内便そのものから撤退した。道内便を運航していたのは日本エアシステムと北海道が共同設立した北海道エアシステムという第三セクター方式の航空会社で、スウェーデン製のプロペラ機３機を使って道内のみを運航していた。日本航空と日本エアシステムの統合後は日本航空系列の航空会社として運航していたのだが、平成23年に日本航空系列から脱退し、いわば北海道が中心となって経営するローカル航空会社に生まれ変わっている。

こうして、現在は民間機としては北海道エアシステムのみが運航する空港となり、日本航空もＡＮＡも来ない空港となったが、平成25年7月からは北海道エアシステムが青森県の三沢空港に

札幌・丘珠空港へは地下鉄駅から歩いても行ける

も運航するようになり、本州ともつながる空港にはなった。

意外にも地下鉄で行くことが可能

この空港へは北都交通の空港バス、また北海道中央バスの路線バスも通っているが、札幌市営地下鉄東豊《とうほう》線の北の終点、栄町《さかえまち》駅から徒歩でも約15分だ。知られざる「地下鉄でもアクセスできる空港」ということになる。

山形空港

【空港コード】ＧＡＪ
【年間利用者数】12万人（平成24年〈２０１２〉）
【所在地】山形県東根市
【山形駅からの直線距離】18キロ
【滑走路】２０００メートル×１
【空港への最寄り駅】ＪＲ東日本奥羽本線神町駅
【最寄り駅からの直線距離】１キロ
【空港開港日】昭和39年（１９６４）7月

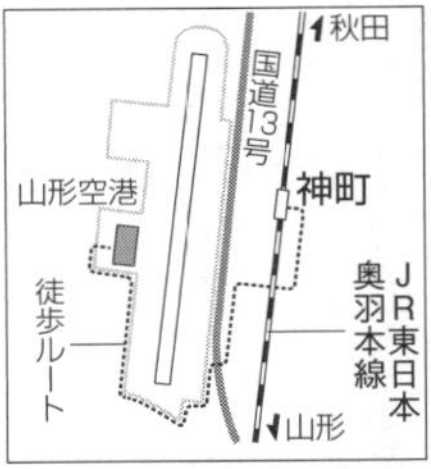

羽田便と伊丹便を有するものの

山形空港は本書で取り上げる空港の中では最も年間利用者数の少ない空港である。現在日本航空1社の乗り入れで、日本航空本体ではなく、子会社のジェイエアの小型ジェット機のみが乗り入れる。この機体はボーイングでもエアバスでもなく、カナダ製もしくはブラジル製の機体で、定員は50〜76人と、満席でも１００人に満たない。山形空港には、空港側の施設としてボーディングブリッジ（搭乗橋）が用意されているが、それを使うほどでもないという寂しい状態である。

羽田便と伊丹便があるが、東京と山形の間には山形新幹線があり、山形空港が市内から遠く、空港アクセス交通も整っていないので、時間的にも費用面でも新幹線が圧倒的に有利に思える。

第一、羽田〜山形間の便は1日に1往復、それも真っ昼間にあるだけなので、この便の有効活用の方法が見当たらない。新幹線利用なら東京からでも山形からでも日帰りが可能だが、航空機利用では東京からでも山形からでも日帰りは不可能、これといった利用方法が見つからない状態だ。

なぜこのような使い勝手の悪い時間帯に飛んでいるかというと、航空会社側もあまりこの路線を重要視しているとは思えず、機体は伊丹〜山形〜羽田〜山形〜伊丹という順に飛んでいて、いわば羽田〜山形間は、伊丹〜山形間を飛ぶついでのようなものになっている。

山形空港は陸の孤島化

日本の空港の中には、空港へのバスが通常のバス車両では採算が合わず、ジャンボタクシーのような車両になってしまった空港もある。地方の超ローカル空港ならまだしも、県庁所在地の空港の山形空港がそうなってしまった。

山形空港は山形新幹線開通以降、利用者は低迷している。羽田便は1日1便、メインとなるの

山形空港では空港アクセス交通は要予約！

は伊丹便だが、やってくるのは定員50～76席のリージョナルジェットと呼ばれる小型機ばかり、国際線の運航もない。この空港ではボーイング機もエアバス機も見られないのだ。山形駅と山形空港を結んでいた山交バスの空港バスは平成21年（２００９）に廃止になり、現在は前日までに予約の必要な乗り合いタクシーのみの運行となった。予約なしでも空席があれば乗車できるが、ぶらっと山形空港に降り立つと、タクシー以外に交通手段はないということも十分考えられる。

一般的に空港に到着すれば、市内へ出るバスくらいはあるというのが常識と思っているので、行った先での空港アクセス交通を前日までに予約をするとは考えられず、到着して面食らう乗客もいるのではないかと思う。離島の空港ならともかく、県庁所在地の空港なのだから。

バスだった頃の運賃は山形駅まで860円だったが、乗り合いタクシーになってから1200円と跳ね上がった。山形空港から、山形県の県庁所在地である山形市内へのバスがないわけで、山形空港は陸の孤島と化している。地元利用者はほとんどが空港まで自家用車を利用するので問題ないのだろうが、県外からの利用者は交通の不便さに戸惑うだろう。これではなおさら空港利用者は減る。

そこで、私は奥羽本線神町《じんまち》駅から山形空港までを歩いてみようと考えた。山形空港は東西の山脈にはさまれるような土地にあり、その南北に細長く続く平地部分にJR奥羽本線、国道13号、そして山形空港の滑走路が並行して配されている。神町駅から空港敷地までは最短だと500メートルもなく、いわゆる線路に近い空港である。しかし、空港ターミナルは滑走路を挟んで奥羽本線とは反対側に位置しているので、滑走路を避けるようにして2キロちょっと、時間にして30分ほどの距離を歩くことになる。距離が距離なので大きな荷物を持っての移動は無理である。

神町駅は駅員が配置されていた頃の立派な駅舎が残っているものの、現在は無人駅。意外にも駅前にはタクシーが客待ちをしていたので、ここから山形空港までタクシーを利用する人もいるのではないかと思った。最初は住宅地を抜け、国道13号に出たところで国道の歩道を南下、国道のすぐ西側は滑走路で、その向こうにターミナルビルが見える。「あそこまで歩くんだ」と思うが、

奥羽本線神町駅。無人駅だがタクシーが客待ちをしていた

反面「真っ直ぐ行ければ近いのに」とも思ってしまう。国道脇のラブホテル街を抜け、滑走路を回り込むようにしてターミナルのある滑走路西側へと出る。途中、航空機が着陸してくる真下を通過、おそらく航空機撮影には最適のポイントではないかと思う。空港ターミナルまではたっぷり30分を要したが、荷物さえ少なければ、また雨などが降っていなければ、そして歩くことが苦にならない人なら、徒歩連絡は可能だと思った。

山形から神町までのJR運賃は320円、所要時間約30分、神町は普通列車しか停まらず、列車は1時間に1本程度しかないが、すぐ北隣の駅は山形新幹線も停車するさくらんぼ東根である。

暇と見知らぬ街を歩いてみようという気持ちのある方は、ぜひ挑戦していただきたい。

女満別空港（番外編1）

空港があることで全国に知られる地名

女満別空港は、メジャーな都市でいうと網走《あばしり》と北見の中間に位置している。利用者で多いのは北見への出張客だが、夏季になると網走、知床《しれとこ》などへの観光客も多くなる。また、冬季でも流氷見物などの観光需要がある。北海道では利用者が新千歳、函館、旭川に次ぐ数字となる。

地名の「女満別」は、空港があることで知名度がアップした例ではないかと思う。女満別は北海道らしい風景が広がる土地だが、空港以外にこれといって何もない。市でもないし、観光地でもない。空港に降り立

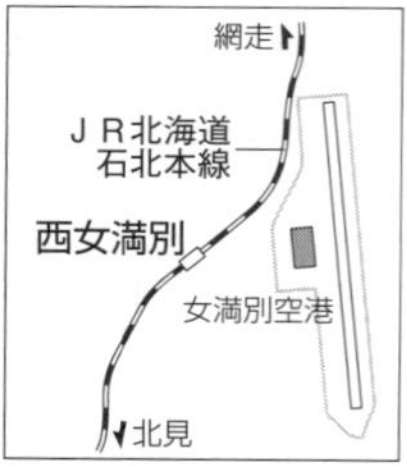

った旅客は北見か網走、観光シーズンには知床、屈斜路湖、阿寒湖方面に向かうだろう。それでも「女満別」は空港のあるところとして、空港の案内放送や電光板、航空会社の時刻表などで使われるので、一般に知られる地名となった。日本各地には、地名だけでなく、その土地の名物や、より知名度のあるものを空港名に取り入れる例が多くなっているが、女満別空港は、まさに地で行く空港名といえ、私としては、好感の持てる空港名である。

ＪＲ北海道のＤＭＶ開発の発端はここへのアクセスだった

ＪＲ北海道ではバスであり鉄道車両でもあるＤＭＶ（Dual Mode Vehicle）の開発を進行中である。ボンネットバスの現代版といったスタイルで、昨今流行の市内観光レトロ調バスのような格好をしていて、道路上はバスとして、線路上は鉄道車両として走ることができる。都市間はレール上を走り、都市に入ったら街中まで直通できるというメリットがある。

道路上は４輪のタイヤで走行するところは通常のバスと同じで、鉄道線路に乗ると、タイヤの前輪は浮かせて、収納されている鉄の車輪が出てくる。後部にも鉄の車輪があるが、ユニークなのは後部のタイヤはそのまま線路に圧着して駆動軸になるところである。道路とレール両用のため「Dual」を名乗っている。この車両の新製価格の安さ、維持費の安さなどから、経営難に悩む

DMV開発の発端は女満別空港への乗り入れ構想であった

第三セクター鉄道などに注目されている。

　このＤＭＶ、それでは本書の空港アクセス鉄道とどういった関連があるのかということになるが、ＪＲ北海道がこの車両を開発するきっかけはというと、ＪＲ北海道石北《せきほく》本線が西女満別〜女満別間で女満別空港と目と鼻の先を走っており、空港アクセス交通に参入できないだろうかと考えたのが発端であった。

　空港が高台に位置しているため石北本線車窓から空港を望むことはできないが、西女満別駅と空港ターミナルビルは直線距離で数百メートルしか離れていない。仮に西女満別駅構内にＤＭＶが道路に入れる設備を設置すれば、北見発女満別空港行きの列車などが運転可能となる。北見から西女満別まではレール上を走り、西女満別駅からは道路上を走る。道路上を走るといってもその距離は１キロ程度にしかならないはずで、それなら渋滞に巻き込まれることもないであろう。

数百メートルしか離れていないなら、現在でも西女満別駅を空港最寄り駅として使えそうでもあるが、その間は畑の中、また空港は高台、石北本線は低い土地を走っているので、急坂になり、徒歩だと約30分を要してしまう。航空便の到着に合わせて北見行きと網走行きの空港バスが運行されているので、そのバスを利用するのが賢明である。しかも西女満別駅は、ホームだけの無人駅で、それこそ昨今流行の秘境駅になりそうなくらい周囲に何もないところだ。

しかし、DMVが走れば利用価値は十分にあると思われるケースだとは思う。女満別空港利用者数は道内でもそれほどの数とならないが、現在は就航していないものの、LCCや国際線などが就航すれば、状況はかなり変わってくる可能性はある。また乗物ファンにとっては、日本でここだけでしか乗れない乗物があるとなれば、話題になるような気もするのである。

花巻空港（番外編2）

地方空港活性化の道はある

花巻空港は岩手県唯一の空港で、一般的には盛岡の空港という位置付けになり、空港ターミナルビルにはこの空港の愛称である「いわて花巻空港」と記されている。以前は、当時の東亜国内航空が羽田〜花巻間の便を運航していたが、昭和60年（1985）、それまで大宮始発の暫定開業だった東北新幹線が上野始発になったのを機に撤退している。羽田便のなくなった地方空港は、かなりのマイナーな空港になってしまうことは避けられず、現在は新千歳、中部、伊丹、福岡と国内4路線が発着する

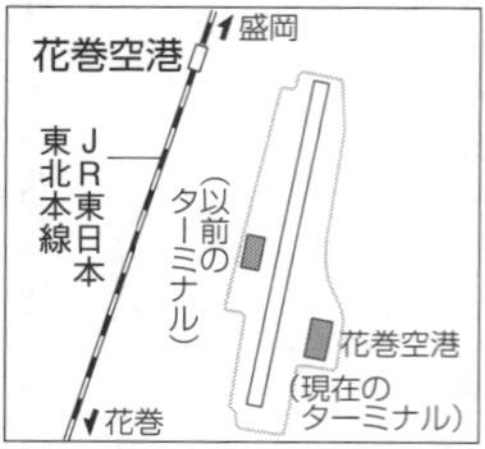

ものの、全便が１００席以下の小型機で、やはりボーイング機もエアバス機も就航していない。

しかし、昭和60年に羽田便はなくなっているが、それは当時の常識でいえば「航空機は鉄道より運賃が高く、それで所要時間が同じなら航空機は意味がない」ということで廃止になっている。ということは、航空機の運賃が安ければ需要はあるような気がする。これといった割引のない新幹線に比べると、ＬＣＣが就航すれば東京～岩手間の交通費は格段に安くなるはずだ。地方空港活性化の道はまだまだあると思えるのだが。

これを実現するためには、将来は日本でもＬＣＣは１００席以下の小型ジェット機運航も視野に入れなければならないのではないだろうかと思う。世界的にＬＣＣの機材はボーイングのＢ７３７、エアバスＡ３２０ファミリー（いずれも１００～２００席）というのが一般的で、日本も例外ではない。しかし、海外では１００席以下の小型ジェット機を運航するＬＣＣは存在する。成田～花巻間を小型ジェット機で飛ばし、運賃は東北新幹線東京～盛岡間の半額以下にできるなら、あながち考えられない話ではない。

駅名改称が裏目に出た空港駅

全国には、空港アクセス鉄道があるわけでもないのに、誤解を受けても仕方がないような空港も存在する。それが岩手県の花巻空港である。なぜかというと、ＪＲ東日本東北本線には、ずばり「花巻空港」という駅が存在する。この駅名からすると「駅を降りるとすぐに空港」、あるいは「空港が離れていたとしても連絡バスくらいはあるだろう」と想像するに違いない。しかし、実際はというと、この駅に降り立っても空港へはタクシーしかアクセス手段はなく、花巻空港利用者が花巻空港駅に降り立つ意味はまったくない。では、なぜこのようなことになってしまったのだろうか。

もともとこの駅は二枚橋というローカルな駅だったが、鉄道駅のそばに花巻空港があったため、昭和63年（１９８８）に花巻空港という駅名に改称された。とはいっても駅から空港敷地は至近ながら、空港の旅客ターミナルビルまでは徒歩圏とはいえず、バス連絡であった。そしてこのバスも駅と空港を連絡するための路線ではなく、たまたま空港と駅の双方を通るローカルバスがあったに過ぎなかった。ただし、荷物が少なければ歩いて歩けない距離でもなかった。つまり「花巻空港駅」にはもともと少し無理があったのだ。

ところが、平成21年（２００９）に花巻空港のターミナルビルが滑走路を挟んだ反対側に移転、花巻空港駅から花巻空港の旅客ターミナルビルまでは、約4キロと遠く離れてしまったのである。おまけにそれまであった路線バスも廃止されてしまい、花巻空港駅は空港アクセス交通の駅という役割は、まったく果たさなくなってしまった。現在、花巻空港駅に降り立っても空港へのアクセス方法はタクシーしかなく、状況をまったく知らない人がこの駅に降り立つとびっくりするであろう。駅名を変えたことが結果的には裏目に出てしまった例といえる。そして今さら駅名を元に戻すことも費用面でできないというのが現状だ。

駅名を花巻空港駅に改称したのが昭和63年。鉄道がそれまでの航空機を敵対視していた時代から、航空機と共存しようと転換を図った時代でもあった。その最初の出来事が昭和55年開業の千歳空港駅開業であることは既に述べた。昭和63年というとJRが発足した翌年で、鉄道が航空機と連携しようという気運が最も高かった時期と合致する。少しこの駅には気の毒な感じもする。

花巻空港駅のことを考えると、第3章で紹介した山口宇部空港に至近のJR西日本宇部線草江駅が、山口宇部空港駅に改称できないというのも納得できてしまう。

仮に草江駅を「山口宇部空港」と駅名を改称したところで、空港ターミナルビルが恒久的に今の場所にあると保証されているわけではない。たまたま空港のそばを鉄道が走っていたという例の場合、空港から鉄道会社にコミットがあるわけではない。そうなると鉄道会社もおいそれと駅名を変えるわけにはいかない。既存の施設を使って鉄道アクセスを機能させることの難しさを感じるのである。

第5章 海外の空港に見るアクセス鉄道

アジアでは遠くなった新空港を鉄道アクセスがカバー

近年、アジアの多くの大都市に新空港が誕生した。1998年に香港国際空港とクアラルンプール国際空港が、1999年に上海・浦東国際空港が、2001年にソウル郊外に仁川国際空港が、2004年に広州《コワンチョウ》・白雲《ベイウン》国際空港が、2006年にバンコク・スワンナプーム国際空港が、そして2012年には昆明《クンミン》・長水《チャンスイ》国際空港も開港している。いずれの空港にも共通していることは、新空港になったことで従来の空港より中心地から遠い空港となったが、鉄道による空港アクセス交通が完備していて、中心地からの時間的な距離は遠くなっていないということである。

■香港国際空港

香港国際空港は1998年に開港している。その前年の1997年に香港はイギリスから中国に返還されており、これに間に合わせるべく建設を進めたが、開港が1年遅れてしまったという経緯がある。返還されたものの、現在でも香港と中国本土の間は純然たる国内線という扱いにはなっておらず、「準国際線」といった扱いになっている。しかし、返還以前に比べて中国本土との間は往来が大幅に増加している。また、日本人が多く利用する空港でもある。キャセイパシフィ

中心地〜空港間を24分で結ぶ香港の空港鉄道

ック航空が拠点とするので香港渡航時だけでなく、香港を乗り継ぎ地として海外に向かう利用者も多い。空港アクセス鉄道は開港と同時に運行を開始している。

香港国際空港はランタオ島北西部沖を埋め立ててできた空港島にあり、中心地（香港島のセントラル）から直線距離で24キロに位置する。それまでの香港啓徳《カイタック》空港が中心地から直線距離で6キロしか離れていなかったので、中心地からの遠さは4倍になったことになる。啓徳空港は滑走路が1本しかなく、しかも着陸直前に山を避けるようにして市街地を大きくカーブしての着陸が必要で、パイロット泣かせの空港でもあった。

現在の空港アクセス鉄道は香港島のセントラルと香港国際空港の間を24分で結んでいて、運転間隔も

12分と使いやすいダイヤになっている。車両はドイツとスペインの鉄道車両メーカーが共同開発、最高時速135キロ運転を行っている。途中、九龍側の駅で地下鉄とも接続する。啓徳空港時代は鉄道アクセスがなかったので、空港バスを利用して所要時間20～30分は要していたはずで、空港は遠くなったものの所要時間は変わっていない。ただし、啓徳空港時代は、たとえタクシーに乗っても大した金額にならないといったメリットはあったが。

実はこの空港鉄道は速いものの運賃が高いため、よりコンビニエンスな運行を行っていて、運賃も安い空港バスに人気があり、私もどちらかというと空港バスを利用する機会のほうが多い。しかし、アクセス鉄道も利用者は着実に増えているようで、開港当初7両だった編成両数も、現在は全列車8両編成に増備されている。この鉄道には日本が見習うべき点も多く、たとえば切符をチェックする改札口は空港駅にはなく、中心地～空港間に、改札機は中心地側の駅1カ所にしかない。構造も利用者に使いやすくできていて、空港駅では中心地から到着する列車は空港の出発階へ、空港から中心地へ向かう列車は到着階から出発するように工夫され、乗降が極めてスムーズである。

それに比べると京成電鉄の成田空港駅の改札口はなんとも複雑で、恥ずかしい思いである。

クアラルンプールのKLIAエクスプレスは最高時速160キロ

■クアラルンプール国際空港

東南アジアでは航空路の拠点となる空港が多く、インドシナ半島でいうと、マレーシアは南に人気のシンガポール・チャンギ国際空港を控え、北には東南アジアの一大拠点となるバンコク・スワンナプーム国際空港があり、空港激戦区となっている。クアラルンプールでは、郊外の広大な土地に空港を建設、将来にわたって容量が足りなくなることがないよう、３本の滑走路の土地を確保している（現在は２本が稼働）。立派な空港を建設し、発着枠に大きな余裕があったことから、近年では、アジア最大のＬＣＣエアアジアが拠点にするなど、新たな展開も見せている。

新空港は郊外の広い土地を求めたため、クアラルンプール国際空港は中心地（ＫＬセントラル）

から直線距離で42キロという遠い空港となった。従来のスルタン・アブドゥル・アジズ・シャー空港（スバン空港）は、中心地から直線距離で15キロしか離れていなかったので、倍以上遠い空港となった。

しかし、クアラルンプールでもＫＬＩＡエクスプレス（ＫＬＩＡ＝Kuala Lumpur International Airport）が市内中心のＫＬセントラル～空港間を28分で結んでいて、運転間隔も15～20分と本数が多い。車両はドイツ製で、最高時速は１６０キロと俊足である。途中駅では市内を運行するＬＲＴ（Light Rail Transit）や長距離バスターミナルとも接続している。ここでもいえることは、旧空港は距離的には中心地から近かったが、こちらへのアクセス交通はほぼタクシーに限られていたため、新空港になったものの、所要時間、また運賃も変わっていないということである。

アクセス列車内はフリーWi-Fiの電波も飛んでいるなど、日本より進んでいる面も少なくない。２０１３年には、主にエアアジアが発着するＬＣＣ専用のターミナル２が開業していて、現在は従来のターミナルからの連絡バスに頼っているが、アクセス鉄道をＬＣＣ専用のターミナル２に延長する予定である。

■上海・浦東国際空港

上海は発展する中国経済の象徴的な都市である。商都でもあり、中国の北京と上海は日本の東京と大阪に相当する。大河である長江（揚子江）の河口近くに位置し、浦東国際空港は東シナ海に面し、長江の河口近くに建設された広大な空港で、滑走路3本を有し、4本目、5本目の滑走路を建設中である。利用者数は中国では首都北京の空港よりも多い。

上海・浦東国際空港は、中心地（上海駅）から直線距離で35キロ離れている。従来からの虹橋国際空港は中心地から直線距離で14キロに位置するため、やはり新空港は倍以上遠くなった。しかし、浦東国際空港では、極めつけの空港アクセス交通を建設した。上海トランスラピッドがドイツ技術によるリニアモーターカーを運行、中心地側の起点である地下鉄2号線の竜陽路《ロンセンルウ》駅から空港までを、最高時速430キロ、たった7分で結んでいる。

高速運転するリニアモーターカーとしては世界で唯一、営業運転を行っている路線でもある。ただし、リニアモーターカーの起点になる竜陽路駅は、黄浦江という川の東側にあり、いわば新都心のようなところで、上海の中心地となる旧市街からはやや離れているのだが。

上海・浦東国際空港ではリニアモーターカーだけではなく、地下鉄2号線も乗り入れていて、2つの鉄道が乗り入れている空港となっている。地下鉄は時間を要するものの、中心地を貫通し

今や上海名物となったリニアモーターカーによる空港アクセスは最高時速430キロ、乗車時間たった7分

ているので乗り換えなしで中心部に達することができ、運賃も安いので地元の人には人気の空港アクセスとなっている。

この地下鉄2号線は中心地を東西に貫き、もうひとつの国際空港、虹橋国際空港に直通している。時間は要するものの、上海の2空港を乗り換えなしで結んでいる。日本では一般に中国のインフラは「先進国並みではない」と評価される傾向にあるが、侮れない存在に感じる。

■仁川国際空港

日本は過去に羽田空港が満杯なことから成田空港を建設。ところが土地や騒音などの問題から1本の滑走路が短く、時間制限もあり、拡張も困難なことから中途半端な空港を建設してしまったが、お隣韓国では、日本での教訓を踏まえてか、広くて時間制限もなく、これといって運用に制限のない大空港を建設した。おかげで現在では成田などに比べて就航都市数がずっと多い東アジアの一大拠点空港となることができた。日本では日本航空の経営破綻や、長引く経済不況などから、成田空港は世界の多くの都市と結ばれているとはいえない状況にある。成田からは直行便はないが、仁川に行けば直行便があるというケースはかなり多くなったと感じる。それほどに仁川空港からは世界各国に多くの便が飛んでいる。

仁川国際空港もソウル中心地（ソウル駅）から直線距離で47キロ、従来の金浦国際空港が中心地から直線距離で15キロの位置だったので、新空港はソウル中心街からの距離が３倍となった。広大な土地を求めて、仁川の沖に浮かぶ２つの島の間を埋め立て、結果的に空港建設によって２つの島はひとつになって空港島となった。

空港アクセス鉄道はＫＯＲＡＩＬ空港鉄道が運行し、列車愛称は「Ａ，ＲＥＸ」（Airport Express）、「成田エクスプレス」の愛称「Ｎ，ＥＸ」を真似た感もあるが、最高時速１１０キロ、ソウル駅〜空港間をノンストップ43分で結び、おおむね30分間隔で運転されている。「30分間隔」というと列車本数が少なくも感じるが、ノンストップ列車のほかに各駅停車もあり、こちらはソウル駅〜空港間の所要53分ながら、１時間に５本運転されている。「Ａ，ＲＥＸ」車内には航空便

韓国のソウルではソウル駅と仁川空港をA’REXが43分で結ぶ

の発着状況を表示するモニターがあり、航空便の遅延や搭乗口などをリアルタイムで確認することができ、日本の空港アクセス鉄道より先進的な感じがする。

2つの空港の位置関係にも注目で、ソウル都心から見て2つの空港は同方向にある。そのためソウル駅から仁川国際空港に向かう空港アクセス鉄道は、途中金浦国際空港を通るのである。金浦国際空港が中心地から至近のため「A’REX」は金浦国際空港には停車しないが、1本の鉄道が、中心地〜金浦国際空港間、中心地〜仁川国際空港間、金浦国際空港〜仁川国際空港間の3役を兼ねている。この辺りは効率が良かったといえる。金浦国際空港には、空港鉄道のほか、ソウル地下鉄5号線と9号線が乗り入れているので、すでに3路線の鉄道が乗り入れていて、空港から6方向に鉄道でアクセスできる。韓国は、日本より空港アクセス鉄道整備が遅かったが、その後の発展のスピードは日本よりずっと速かったと感じる。

■広州・白雲国際空港

広州は中国南部、広東省の省都である。市場経済の香港に近かったため、中国にありながら以前から経済の発展した地域であった。近隣には香港に加え、経済特区の深圳、またマカオがあり、発展著しい空港の密集地帯となっている。

広州の白雲国際空港は中心地（広州駅）から直線距離で27キロに位置するが、以前の空港は中心地から直線距離で4キロと、ほとんど市街地にあったので、新空港開港で、それまでと比べるとかなり遠い空港となった。しかし、中心地から地下鉄3号線が空港に達していて、中心地にある広州東駅から所要約40分である。この鉄道はとくに空港アクセス専用列車ではなく通常の地下鉄路線である。ただし、この路線の車両だけは、空港利用者も多いことから荷物置場を設けている。

地下鉄としては速度が速く、広州地下鉄3号線は中国の地下鉄では最速の最高時速120キロ運転を行っている。地下鉄としてはかなり速い速度である。車両はドイツ製だ。所要時間が約40

広州・白雲国際空港には地下鉄3号線が乗り入れ、ホームドアも完備されている

分と長いが、中心地に直通しているので、繁華街に直通できるというメリットがある。

広州・白雲国際空港は成田空港がすっぽり入ってしまうのではないかと思われるような大きな空港ターミナルだが、これでも全体計画の半分しか完成しておらず、地下鉄の空港駅も「Airport South」となっている。北側にもう1棟のターミナルが建設予定なのである。この空港は中国で最も旅客輸送実績の多い中国南方航空が拠点にしていて、中国の航空需要が旺盛なことを肌で感じることができる空港である。

■バンコク・スワンナプーム国際空港

タイのバンコクは古くからアジアの空の十字路であった。古くは日本からヨーロッパへの便が、アジア、中東などを経由していた、いわゆる「南回り便」とい

バンコクでも中心地と空港を鉄道が結ぶ

われた時代、多くの便はバンコクを経由した。現在でも多くの航空会社がひしめき合って乗り入れる様は変わっていない。アジアには小さな航空会社が数多く存在するが、唯一の国際線をバンコクに運航しているという航空会社は多い。その辺りは日本とは真逆といえ、乗り入れに際しての敷居は低く、しかも高コスト体質になっていない。物価が安く、航空運賃も安いことから、欧米からの旅行者も、バンコクまで飛び、バンコクを拠点に、アジアを旅行するという人が古くから多かったのである。

バンコクのスワンナプーム国際空港は中心地（鉄道駅）から直線距離で32キロ、バンコクでは従来のドンムアン空港も中心地から直線距離で21キロ離れていたので、新空港が従来の空港に比べて倍以上の距離があるわけではない。しかし新空港へは空港アクセス鉄道が建設された。タイ国鉄の運営で、エアポート・レール・リンクと呼ばれ、中心地側のターミナルになるパヤータイ駅またはマッカサン駅から、エクスプレスはそれぞれノンストップで所要時間が18分と15分。運転間隔は30分と40分、エクスプレスのほかにシティラインという各駅停車もあり、こちらはパヤータイ駅から所要時間30分。運転間隔は12～20分である。ノンストップ列車に乗っても各駅停車でも所要時間が大差ないというのはソウルと同じだが、運賃の開きがあり、各駅停車の列車は通勤タイプのベンチ程度の座席になってしまうというのもソウルと同じである。

バンコクでは旧空港に当たるドンムアン空港にも鉄道でアクセスできるが、こちらは空港アクセス鉄道としての運行ではなく、たまたま空港のそばに鉄道が通っていたので、鉄道でも空港に行けるというだけで、長距離列車の一部区間を利用する形になり、運転本数も少なく、また空港からバンコク市内への列車はほとんどダイヤ通りには走っていないので、空港アクセス鉄道としての利用価値は低い。

■昆明・長水国際空港

中国雲南省の省都である昆明は、中国でもかなり西のほうにある内陸の田舎とも思える。が、中国の経済発展は内陸の都市にも及んでいる。確かに上海などに比べて道行く人たちが今ひとつ

昆明でも地下鉄が空港直下に乗り入れている

垢抜けない感じがするが、高層ビルが立ち並ぶ大都会となった。街のあちこちで道路が掘り起こされ、地下鉄工事が急ピッチで進んでいる。また、内陸の高地というせいもあってか、いわゆる北京や上海の人たちとは少し異なる印象も受け、実際独自の文化も持ち合わせている。

　昆明・長水国際空港は２０１２年開港、中心地（昆明駅）から直線距離で23キロに位置する。旧空港だった巫家壩《ウジアバ》国際空港は中心地から直線距離でたった３キロだったので、中心地からかなり遠くなったが、新空港は広大な土地に大きなターミナルを有し、将来の需要増に対応できる能力を持っている。かつてここ昆明では、中国雲南航空という航空会社が拠点にしていたが、中国雲南航空は上海を拠点にする中国東方航空に統合されており、昆明は中国東方航空の第二の拠点として機能するようになったのである。そして上海よりかなり西に位置するほか、東南アジア方面へも独自のパイプがあるため、東南アジアや中央アジア方面への拠点と位置付けて運航するようになったのである。いわば昆明空港は、上海の資本によって大きく変わろうとしているのである。

この遠くなった昆明・長水国際空港へは昆明地下鉄6号線が達している。6号線といっても1～5号線はまだ開通しておらず、6号線が唯一の地下鉄で、その6号線も中心地部分は未開通、郊外にある東部バスターミナル駅から長水国際空港の間だけが開通している。開業している駅もこの2駅のみであるが、将来的にはこの地下鉄路線は中心部を東西に貫通する予定なので、中心部主要地点から空港へは地下鉄だけでアクセスできることになる。

◇　◇　◇

このようにアジアでは着々と空港アクセス鉄道が整備されている。日本と違って発展にスピード感があり、5年も行かないとすっかり様変わりしているというのがアジアの状況だ。アジアでは日本が鉄道先進国であることには間違いないが、アジア各国で空港アクセス鉄道が整備され、その中には日本でも見習うべき便利なシステムなどは多々あるということを知っておく必要がある。

一般に、日本は世界でも最も鉄道技術の進んだ国で、そのシステム、時間に正確な運行、安全第一の考えなどの水準は世界一であろう。しかし、それを運営するソフトの面では決して日本が一番でもないということが各国の状況からうかがい知ることができる。とくに運賃の高さ、運賃体系の複雑さなどでは日本が最も劣っている。たとえば、ここに紹介した空港アクセス鉄道の中で、いまだに紙の切符が主流となっているのは日本のみで、日本以外のアジアの空港アクセス鉄道で紙の切符を見ることはない。

バンコクでは鉄道アクセスが馴染まない理由がある

古くはバンコクといえば「交通渋滞」が名物といわれた都市だが、現在の状況は様変わりしている。バンコクは日本人も多く訪れるが、空港アクセスが「整っているのか整っていないのかよくわからない」と考える人も多いのではないかと思う。確かにそういった一面が、ここバンコクにはあるほか、タイならではというお国柄も潜んでいる。バンコクのスワンナプーム国際空港には、タイならではの空港アクセス事情がある。

バンコクのスワンナプーム国際空港はバンコクの中心街から東へ約32キロ離れた場所に位置し、2006年に開港した比較的新しい空港である。空港開港から4年後の2010年には空港アクセス鉄道も開業している。「エアポート・エクスプレス」と「エアポート・シティライン」があり、前者は空港特急、後者は各駅停車で通勤用を兼ねている。「エアポート・エクスプレス」を利用すれば地下鉄との接続駅マッカサンまで15分、高架鉄道との接続駅パヤータイまで18分と俊足である。

こんな俊足の鉄道があるなら、さぞかし便利だろうと思われるが、意外に利用者は少ない。少ないというより、「この空港鉄道を愛用している」という人に出会ったことがないのが現状である。

なぜ鉄道利用者が少ないのか、それにはさまざまな理由がある。この空港鉄道にはいくつかの駅があるが、バンコクは中心街だけでもかなり広く、仮に空港鉄道を利用したとしても、その駅が最終目的地である利用者はごくわずかである。多くの利用者は鉄道を降りてからタクシー、地下鉄、バスなどに乗り換えてホテルなど、最終目的地へ向かう。それならば空港からタクシーに乗ったほうが楽というのが最も大きな理由である。

「エアポート・エクスプレス」はタイの鉄道としては高額で150バーツ（約470円）するが（「エアポート・シティライン」なら35～45バーツ）、空港からタクシーで直接バンコク中心街に向かってもその料金は200～300バーツ（約630～940円）で、「エアポート・エクスプレス」とタクシーを乗り継ぐと、結局高くついてしまうほか、2～3人だったら明らかにタクシーのほうが安上がりなのである。

「エアポート・エクスプレス」は高架鉄道とも乗り換えができるようになっているが、切符は別で、いったん改札口を出ての乗り換えになるほか、地下鉄へは駅と駅が少し離れており、一般道を5分くらい歩いての乗り換えになり、大きな荷物を携えての利用はお勧めできない状況だ。空港アクセス鉄道は6～24時の運行だが、日本からの到着便は深夜、日本への出発便は朝早くになることが多く、そういった便を利用するにはこのアクセス鉄道は役立たない。こういった面からもタクシーが便利になる。

鉄道に比べてルートや停留所に融通が利く空港バスはどうかというと、スワンナプーム国際空港からは、バンコク市内行きの空港バスは運行されていない。これだけ大きな都市の大空港なのに、空港バスがないというのは驚きかもしれない。実は２０１１年までは空港バスが運行されていたが、空港鉄道が開業したために廃止になっている。それほど空港鉄道は期待されていたのである。

では、バンコクではなぜこんなにまで空港鉄道や空港バスが利用されず（空港バスは存在しない）、タクシーに人気があるのだろうか。それにはタイという国のお国柄も影響していると思う。バンコクは活気溢れる大都市で、人口は８００万人を超える。ところが地下鉄は昼間なら、およそ乗客が全員座れる程度にしか混んでいない。まだ1路線しかなく利用価値が低いというのが大きな理由で、地下鉄だけでは最終目的地まで行くことはできない。それならば最初から路線バスやタクシーを利用するというのである。もっともな話である。

「タイというお国柄」とはどういう意味か。タイの人は最寄りの駅から10分程度歩くといったことをしない。日本では地下鉄最寄り駅から徒歩10分でも15分でも歩くのが常識だが、タイ人にとっては徒歩10分の距離というと、バイクタクシー（後部座席に乗るいわゆるバイクの2人乗り）や「トゥクトゥク」と呼ばれる三輪タクシーなどに乗るのが一般的で「健康のために歩こう」などという考えがない。そのため、タイには大型路線バスのほか、どこでも停まってくれるミニバス、利用者が数人集まれば随時運行するマイクロバス、タクシー、トゥクトゥク、そしてバイクタクシーと、距離や用途に合わせてさまざまな乗物が多く存在する。

余談だが、タイはどの都市に行ってもバイクは大変多く見るが、自転車をほとんど見ない。たまに自転車を見かけると、それは欧米人観光客がレンタサイクルを利用している姿である可能性が高い。タイ人には乗物には動力が付いているというのが当たり前で、自分で漕ぐ乗物はあまり意味を感じないそうだ。そもそも「健康のために運動を」という習慣がなく、学校の授業に体育がないという。すると、空港鉄道を使い、どこかで都市内交通に乗り換えて、さらに最寄り駅から徒歩で最終目的地に向かうというようなことは、タイでは馴染まないのだ。

タイではこんな経験をする。道を尋ねた際に「ここから歩いて何分くらいですか?」と尋ねると「さあわからない」と困った顔をされる。これはわからないというより、歩いた経験がないので、何分かかるか皆目見当がつかないのである。さらに「とても遠い」といわれたものの、実際に歩いてみると15分もかからないということもしばしばなのである。

上海・虹橋国際空港は高速鉄道のターミナル駅を併設

中国は発展のスピードが速い。上海はしばらく行かないと大きく変わっていて、前回の記憶がまったく役立たないことが多い。それほどにこの街は変貌を遂げている。この街の空港と空港アクセス鉄道に関してもそれがいえる。上海・浦東国際空港にはリニアモーターカーと地下鉄2号線の双方が乗り入れていることは前述の通りだが、以前からある上海・虹橋国際空港も大きく変わった。地下鉄2号線と10号線の2本が乗り入れるほか、現在、5号線も虹橋国際空港に向けて建設工事中である。近い将来、上海・虹橋国際空港は、世界でもここだけという、地下鉄だけで3路線も乗り入れる空港となる。

私が初めてこの上海を訪ねたのは1991年、当時は地下鉄など1本もなかった。初めての地下鉄が開業したのが1993年、それが現在は12本の地下鉄が上海市街地を網の目のように運行し、22号線までの計画があるという。地下鉄1路線の長さも長く、すでに地下鉄路線の総延長は

上海の虹橋駅は、もはや空港駅といった規模ではない

東京を抜いている。その勢いは凄まじいとしかいいようがない。

そんな上海・虹橋国際空港には、空港に高速鉄道の駅も併設されている。通常、空港の鉄道駅というと、新千歳空港にある地下駅のようなものを思い浮かべるが、そのようなものではない。日本でいえば東京駅全体よりも大きな駅が虹橋空港と隣り合っているような感じである。もはや「空港駅」といった雰囲気ではなく、上海のターミナル駅のひとつが虹橋駅で、そこに空港もあるといったことになる。

上海には大きな鉄道駅として上海駅、上海南駅があるが、それと並ぶターミナル駅が上海虹橋駅である。そのため航空にまったく関係ない乗客も多くがこの虹橋駅を利用している。中心地と地下鉄2号線、10号線で結ばれているので、上海の西にある鉄道駅として利用されている。いわば上海駅、上海南駅、上海虹橋駅は、東京でいう東京駅、上野駅、新宿駅のような関係で、新宿駅が空港に隣接しているという感覚であろうか。

虹橋駅は中国版新幹線の高速鉄道ＣＲＨ（China Rail Highspeed）専用の駅で、高速鉄道のみが発着、杭州まで1時間、南京まで2時間である。杭州、南京までは日本からの直行便もあるが、便数が少ないので、上海・虹橋国際空港に飛び、ここから高速鉄道を利用するほうが便数の上では便利である。日本でたとえるなら、東京駅が東海道新幹線の始発駅なのに対し、羽田空港にも新幹線の始発駅があり、両線は新横浜で合流、羽田空港から静岡や名古屋に直通できるといった具合になっていると思えばいい。

ヨーロッパに目を転じると、パリやフランクフルトでも高速鉄道の駅が空港に隣接されている例はあるが、上海・虹橋空港の鉄道駅は規模が大きく、間違いなく世界で最も大きな空港駅になるはずだ。中国の高速鉄道というと、日本においてはあまり評判がよくなく「海外の高速鉄道技術の寄せ集め」「日本の新幹線のパクリ」「建設を急ぐあまり安全性は軽視」などといわれている。

日本の鉄道が安全性重視であることは中国と比べるまでもなく世界一であろうが、中国の鉄道システムや空港アクセス機能も着実に進化していることも確かで、そのスケールの大きさや建設の速さには目を見張るものがある。日本においても、中国を揶揄するばかりではなく、中国の発展を冷静に受け止める必要があるだろう。実際問題、空港と高速鉄道の駅がドッキングするとかなり利便性は向上し、それを実行に移したのは世界でも上海が最も大掛かりであったといえる。

アジアの空港アクセス鉄道を考えると、日本の問題も浮き彫りに

アジアの空港アクセス鉄道を考えていると、日本の空港事情の問題点も浮き彫りになる。アジアの空港にも空港アクセス鉄道が完備されるようになったが、これらはいずれも深夜は運行していない。およそ6時から24時の運行で、運行時間は日本とほぼ同じである。一方で、日本では成田空港は地域の騒音問題などから深夜は発着が認められていない。しかし、アジアの空港は24時間空港が原則である。日本からバンコクやシンガポールへ向かうと、直行便の約半数は現地に23時から深夜1時頃に到着するフライトになり、入国審査、荷物受け取り、税関などを通過すると、空港アクセス鉄道の運行は終了しているというのが常である。空港バスはそもそもなかったり、運行していてもやはり深夜は運行していなかったりである。

すると、どうしても深夜便で到着した場合は、ホテルまではタクシー以外にアクセス交通の選択肢はなくなってしまうが、日本と違って、こういったことがまったく問題にならない。

バンコクにしてもシンガポールにしても、それぞれの空港から市内主要地点までは深夜料金を

適用しても、タクシー料金は日本円換算で２０００円を超えることはないだろう。物価水準が安いということもあるが、やはり空港と市内が日本に比べて遠くないということを感じる。

ところが、これを日本に置き換えてみるとどうであろう。簡単に見過ごせる話ではなくなる。仮に成田空港に深夜に到着、鉄道もバスも終わってしまった時間だったとしたら……。タクシーを都心まで利用したら、２０００円どころか０が１桁多くなってしまい、とても出せる金額ではなくなってしまう。しかしこれが平成25年（２０１３）から現実となっている。

それまで成田空港の運用時間は6時から23時までと決まっており、それ以外の時間帯は緊急着陸でもない限り認められていなかった。ところが、日本でも平成24年からＬＣＣの運航が始まり、ＬＣＣは少ない機体でも効率的に稼働させることで低運賃を実現しているが、些細なトラブルが原因でひとつの便が遅延しても、最終便が成田空港の門限23時に間に合わなくなり、欠航が多いとされていた。

そこで、地元との話し合いにより、天候など、やむを得ない場合の門限が24時にまで延長されたのである（機体トラブルなどは対象外）。つまり23時台に成田空港に着陸するということが考えられるようになったのだ。しかし、だからといってＪＲ東日本や京成電鉄がそれに合わせたダイヤで運行できるはずはない。かといって、東京の自宅までタクシーを利用するなどということも考えられないであろう。ＬＣＣは九州までだって５０００円台で飛ぶことができるのに、空港アクセスにその額の何倍もの運賃を払うなどという発想はないだろう。おそらく、私がこのようなことになったら、空港のベンチで夜を明かし、翌朝の始発電車に乗ることになるだろう。

海外ではさして問題にならないことも、日本では問題になってしまう。やはり空港の遠さ＋交通費の高さなど、日本は世界の標準に合致していないことが多いように思われる。

市内〜空港間のアクセスにとどまらない、ヨーロッパの空港アクセス鉄道

空港へ乗り入れる鉄道が、空港アクセスにとどまらず、より広範な地域への交通機関としての役割を果たしているのがヨーロッパである。どうしても「空港アクセス」というと、空港と市内を結ぶ交通機関といった印象を受けるが、たとえば、スイスのチューリッヒ、ジュネーヴ、オランダのアムステルダムの空港駅からは各方面への列車が発着している。日本でたとえるなら、東京駅を発車した東海道線や横須賀線の電車が羽田空港を通って横浜方面へ向かうような感じであろうか。これなら空港から東京駅方面へも横浜方面へも便利にアクセスでき、それを実行しているのがこれら3空港である。チューリッヒの空港駅を発着する列車には、空港を始発とする列車はない。空港アクセス専用の特急列車などもなく、その地域を運行する列車が空港も通っている

というものである。

これはそもそも空港が市内から至近の距離にあるために可能だともいえ、たとえばジュネーヴ・コアントラン国際空港とジュネーヴ中心街は日本でたとえると、成田空港と成田市内ほどの距離しか離れていない。やはり空港アクセスが優れている云々の以前に、空港があまりに市内中心から離れているというのは、何かにつけて空港アクセスには不利な要因となるということを、この3空港を体験すると実感する。

次に、ドイツのフランクフルトやフランスのパリのように鉄道駅を複数持つ空港も現れている。フランクフルトではフランクフルト都市圏を運行するSバーン（Stadtbahn＝近郊列車）が空港から市内へ運行するが、それとは別の駅があり、そこには長距離列車が発着、高速鉄道ＩＣＥ＝Inter City Expressも乗り入れている。同様にパリのシャルル・ド・ゴール空港でも、市内へ向かうＲＥＲ＝Reseau Express Regional（近郊列車）の駅のほかに、高速鉄道ＴＧＶ＝Train a Grande Vitesseの駅もある。この駅にはパリを発着しないＴＧＶが発着していて、たとえば、マルセイユ、リヨンなどからパリをバイパスしてリールやブリュッセル方面へのＴＧＶが停車する。空港から南仏やベルギー方面へ直接アクセスできる。

一部の列車は航空便としても使われている。成田からブリュッセルまでエールフランス便を利

さまざまな方面への列車が発着するアムステルダム・スキポール空港駅

用すると、シャルル・ド・ゴール空港～ブリュッセル間は高速列車を使う。同様に成田からオランダのロッテルダムまでKLMオランダ航空便を利用すると、アムステルダム～ロッテルダム間も列車になる。これほどに航空と鉄道が連携している。

この場合、接続する列車は航空便でもあり、航空会社の時刻表などにもこの列車の時刻は掲載されている。KLMオランダ航空で成田からロッテルダム間を見ると、成田～アムステルダム間の機材がボーイング747、アムステルダム～ロッテルダム間の機材が「トレイン」などと表示される。日本でいえば新幹線の上野～大宮間に成田空港駅があるような関係になる。成田に到着し、仙台への乗り継ぎは東北新幹線を利用するといった感覚である。

しかし、一方で、イギリスのロンドン・ヒースロー空港、スウェーデンのストックホルム・アーランダ空港、ノルウェーのオスロ空港などへの列車は空港アクセス専用列車で（ロンドンは地下鉄もあるが）、市内側のターミナルも限られている。車内設備の整った列車で、スピードも速いのだが、運賃は日本の「成田エクスプレス」以上に高く、運賃が高くても乗車時間を少しでも短くしたい利用者の乗物となっている。こういった都市では、倍以上の時間がかかる空港バスなども健在で、交通機関選択の余地がある。

一方、ジュネーヴやチューリッヒ、フランクフルトなどでは市内〜空港間に関しては鉄道が充実しているので空港バスが存在しない。ヨーロッパ主要空港では鉄道アクセスがあるのが当たり前となっているが、空港によってアクセス列車のポジションがかなり異なるというのも事実である。

アメリカではアメリカ流のシステムで空港アクセス鉄道を運行

アメリカでもニューヨークのジョン・F・ケネディ国際空港、ニューアーク・リバティー国際空港、ロナルド・レーガン・ワシントン・ナショナル空港、シカゴ・オヘア国際空港とミッドウエー国際空港、サンフランシスコ国際空港などに鉄道が乗り入れている。アメリカは近年、クリーンなエネルギーの鉄道をずいぶん活用するようになったと思える。ただし、ヨーロッパなどと

ニューヨークのニューアーク・リバティー国際空港でも、空港内のターミナル間を結ぶモノレールが鉄道駅に連絡する

異なるのは、空港利用者の中で、鉄道利用者の割合が少ないことで、アクセスの主役はあくまでバス、乗り合いタクシーで、旅行者のレンタカー利用率も高い。やはり「自動車社会アメリカ」を感じる。

アメリカならではの空港アクセス鉄道の運行システムもある。ニューヨークのジョン・F・ケネディ国際空港へ向かうエアートレインは一風変わった運行を行っている。最寄りの地下鉄駅を出発するとカーパークの駅を経て空港へ、ターミナルごとに6つの駅に停車する。またロング・アイランド鉄道の駅からも同じ列車が空港へ運行していて、やはり6つの駅に停車する。そして、これらの列車はターミナル間の移動手段も兼ねていて、異なるターミナルを発着する便同士を乗り継ぐ乗客も利用する。

運賃はターミナル間だけなら無料、鉄道駅まで利用すると有料といったシステムになっている。カーパークの駅とは、空港周辺の長期間の駐車場で、たとえば、車で空港に来てそこから旅行をする際などに利用される。車でこのカーパークまで来て、ここからは鉄道でターミナルに行くといった具合である。いかにもアメリカらしい鉄道の運行方法である。

アメリカでは、最終的に空港に到着する交通機関が、日本の感覚でいうような大量に人を乗せた列車では不都合な面もある。ターミナルが航空会社ごとに分散しているので、駅をどこに建設するかという問題がある。ニューヨークのジョン・Ｆ・ケネディ国際空港では、鉄道駅は空港から離れたところにあり、そこで小回りの利く小さめの列車（エアートレイン）に乗り換えて、各ターミナルに向かうのだ。同じくニューアーク・リバティー国際空港でも最終的には空港内を運行するモノレールでターミナルに向かう。ボストンでも地下鉄駅は空港から少し離れていて、そこから無料バスで各ターミナルを循環するようになっている。このほうが現実的なのである。アメリカでは、空港へ鉄道で行くということは、格安で時間が正確な手段にはなるが、速く行くための手段にはならないことが多い。

あとがき

羽田空港への東京モノレールを別にすれば、私が初めて空港アクセス鉄道を利用したのは昭和55年（1980）開業の、当時は国鉄だった北海道の千歳線千歳空港駅であった。北海道には珍しい橋上駅で、千歳空港ターミナルとの間は連絡通路で結ばれていた。現在のように、空港直下に乗り入れるというものではなかったが、私はこの駅に降り立ち、何か新しい時代のようなものを感じたものである。

昭和55年というと、その2年前には成田空港が開港し、やはり空港直下ではないものの、京成電鉄が成田空港駅まで乗り入れていたが、駅から空港までバス連絡だったので、あまり空港アクセス鉄道と認知していなかったことも記憶している。

また、昭和51年、私は北海道のニセコにスキーに出かけていて、その帰り、千歳空港を利用しているが、鉄道少年だった私は、飛行機の待ち時間に空港の前を走る千歳線で、キハ82系特急「北斗」などを撮影している。空港ターミナル正面から駐車場を横断し、幹線道路を渡れば線路脇だったような記憶がある。その場所こそが、後の千歳空港駅になるのだが、不思議なことに、「ここに駅を造ればいいのに」などとは考えなかった。

当時は、それほどに「航空」と「鉄道」は別物と考えられていたのである。その頃の『鉄道ジャーナル』誌では、航空と鉄道が共存する時代というような特集が組まれ、表紙には、列車とともに日本航空のジャンボ機などが使われていたが、少し違和感を覚えた記憶もある。「東京と北海道のような長距離は航空機が担当、地域の輸送は鉄道が行う」などと記され、ヨーロッパの事例なども載っていたが、頭でわかっても「そうは言われてもな〜」というのが正直な感想であった。

たとえば、ヨーロッパでは、自転車を電車に乗せて移動するというのが当たり前に行われているが、だからといって、日本でもすぐに誰もが同じことをするとは思わないであろう。これと同じような感覚だったような気がする。いくらヨーロッパでは主要空港に鉄道が乗り入れているとしても、日本では馴染まないと思ったのである。

羽田空港と千歳空港を除くと、日本で空港に直接鉄道が乗り入れるようになるのは、成田空港の平成3年（1991）以降である。それ以降は、当初から鉄道アクセスありきで空港が計画されることが多くなった。私にとっては、日本の空港アクセス鉄道、隔世の感ありの一言に尽きるのである。

本書執筆にあたっては、株式会社交通新聞社の邑口享氏、土屋広道氏にご尽力いただいている。またいつも校正を頼んでいる妻にも感謝したい。

世界の空港アクセス鉄道一覧

＊都心駅は空港アクセス鉄道の始発駅とは限りません。国によっては鉄道駅が街はずれにある場合もありますが、ここでは都心駅＝その都市の代表鉄道駅としました。

国や地域	空港名	列車の種類	都心駅から空港までの直線距離	備考
韓国	ソウル・仁川国際空港	空港アクセス専用列車と地域の列車	ソウル駅から47キロ	特急「AREX」と一般列車の2種がソウル駅へ、一般列車は金浦空港を経由する。
韓国	ソウル・金浦空港	地下鉄	ソウル駅から15キロ	ソウル地下鉄5号線と9号線が都心部へ。また仁川空港とソウル駅を結ぶ空港鉄道も通っていて、一般列車は金浦空港にも停車する。
韓国	釜山空港	地域の列車	釜山駅から12キロ	空港前を金海軽電鉄という無人運転の列車が通っているが、釜山中心街には地下鉄に乗り換える必要がある。
韓国	光州空港	地下鉄	光州駅から10キロ	空港前を地下鉄1号線が通っている。
韓国	清州空港	地域の列車	清州駅から13キロ	空港前を鉄道（忠北線）が通っていて空港前に駅があるが、列車本数は少ない。
中国	北京・首都空港	空港アクセス専用列車	北京駅から23キロ	リニアモーター駆動の列車がターミナル3〜ターミナル1・2〜市内を運行。この路線は北京オリンピックに合わせて建設された。
中国	上海・浦東国際空港	空港アクセス専用リニアモーターカーと地下鉄の複数の駅がある	上海駅から35キロ	本格的なリニアモーターカーが乗り入れ、最高時速は430キロ！空港〜市内間はたった7分だが、市内側の駅が市内中心部ではないので、市内主要エリアへは地下鉄に乗り継ぐ必要がある。また時間は要するが、地下鉄2号線が乗り入れる。
中国	上海・虹橋国際空港	地下鉄と高速鉄道の複数の駅がある	上海駅から14キロ	ターミナル2に地下鉄2号線が、地下鉄10号線がターミナル1経由でターミナル2に乗り入れ。地下鉄5号線も乗り入れ予定。また地下鉄とは別に、ターミナル2には高速鉄道の駅が併設され、南京方面への列車が出る。空港駅としては世界最大規模。

世界の空港アクセス鉄道一覧

中国	広州・白雲国際空港	地下鉄	広州駅から27キロ	ターミナル直下に地下鉄3号線が乗り入れる。将来的には空港内に地下鉄の駅が複数できる予定。
中国	昆明・長水国際空港	地下鉄	昆明駅から23キロ	地下鉄6号線が乗り入れるが、市内の起点が東部バスターミナルなので、完全な形にはなっていない。将来は市内中心街に延伸される。
中国	深圳空港	地下鉄	深圳駅から33キロ	空港前に地下鉄1号線の駅があり、空港駅を起点としている。
中国	香港国際空港	空港アクセス専用列車	セントラルから24キロ	香港島セントラルまでを24分で結び、運転本数も多い。途中地下鉄とも接続、空港では改札やホームへの段差もない。
台湾	台北・松山空港	新交通システム	台北駅から4キロ	木柵線というゴムタイヤ駆動の乗物が松山空港を通る。
台湾	高雄空港	地下鉄	高雄駅から9キロ	高雄市内を東西に結ぶオレンジラインが空港を通り、高雄駅などに1本でアクセスできる。
タイ	バンコク・スワンナプーム国際空港	空港アクセス専用列車と地域の列車	ホアランポーン駅から32キロ	空港から市内のマッカサンやパヤータイへ、直行の「エアポート・エクスプレス」と各駅停車の「エアポート・シティライン」を運行。
タイ	バンコク・ドンムアン空港	地域の列車	ホアランポーン駅から21キロ	空港前をタイ北部に向かう鉄道が通っていて、鉄道駅とは連絡通路で結ばれているが、長距離列車ばかりで、市内〜空港間の列車はなく、利用価値は低い。
マレーシア	クアラルンプール国際空港	空港アクセス専用列車と地域の列車	KLセントラルから42キロ	KLIAエクスプレスがKLセントラルへ、長距離バスターミナルが隣接する駅も経由する。現在はLCCターミナルへの延伸を計画中。
シンガポール	シンガポール・チャンギ国際空港	地下鉄	シティホールから17キロ	地下鉄が乗り入れているが、市内中心へはタナメラ駅で乗り換えが必要（同一ホームで乗り換え）。
オーストラリア	シドニー空港	地域の列車	中央駅から6キロ	近郊鉄道が国際線、国内線両ターミナルを通る。市内中心ではサークル状に運転、市内主要エリアへ直通できる。

オーストラリア	ブリスベン空港	地域の列車	ローマストリート駅から14キロ	近郊鉄道が国内線ターミナルを起点に国際線ターミナル経由で市内中心へ運行。
インド	デリー空港	空港アクセス専用列車	ニューデリー駅から16キロ	デリーメトロの運行なので、地下鉄ととらえられているが、この路線だけはエアポートエクスプレスという特別な列車として運行。
アラブ首長国連邦	ドバイ空港	地下鉄	デイラ・オールド・スークから6キロ	地下鉄のレッドラインがターミナル1、3を経由する。この地下鉄は世界最長の無人運転路線でゴールドクラス車両も備える。
イスラエル	テルアビブ空港	地域の鉄道	ハガナ駅から10キロ	地域の鉄道に空港最寄り駅がある。
モロッコ	カサブランカ空港	地域の列車	カサ・ポール駅から25キロ	近郊鉄道が空港を起点に運行している。この鉄道の開業で空港バスはなくなった。
南アフリカ	ヨハネスブルク空港	空港アクセス専用列車	ヨハネスブルク・パーク駅から20キロ	空港からヨハネスブルク・サントンへ向かう。2010年開催のサッカーワールドカップに合わせて開業した。
ロシア	モスクワ・シェレメチェーボ空港	空港アクセス専用列車	レニングラーツキー駅から26キロ	空港からベラルスキー駅へ「アエロエクスプレス」という空港アクセス列車を運行。
ロシア	モスクワ・ドモジェドボ空港	空港アクセス専用列車	レニングラーツキー駅から43キロ	空港からパヴェレツカヤ駅へ「アエロエクスプレス」という空港アクセス列車を運行。
トルコ	イスタンブール空港	地下鉄	シルケジ駅から14キロ	LRTスタイルの地下鉄が空港を起点に運行。この路線はヨーロッパ側の旧市街方向へ向かうが、観光客が多く訪れるエリアへは、さらに地上を走るLRTに乗り換え。
ギリシャ	アテネ空港	地下鉄	ラリッサ駅から21キロ	地下鉄3号線が空港駅を起点にしている。
リトアニア	ヴィリニュス空港	地域の列車	ヴィリニュス駅から3キロ	ローカル列車が空港の前を通っていて、駅と空港ターミナルは連絡通路で結ばれるが、列車の本数は少ない。

世界の空港アクセス鉄道一覧

ポーランド	ワルシャワ	地域の列車	中央駅から7キロ	空港直下の鉄道駅から中央駅までを20分で結ぶ。2012年に開業したもので、世界でも最も新しい空港アクセス鉄道。
イタリア	ローマ空港	空港アクセス専用列車	テルミニ駅から24キロ	ターミナルとは連絡橋でつながった空港駅からテルミニ駅へ。空港バスは列車が走らない深夜のみ運行。
イタリア	ピサ空港	地域の列車	ピサ駅から1キロ	空港アクセス専用列車ではなく、フィレンツェ〜ピサ間の一部列車がピサ空港を起点にする。
イタリア	ミラノ空港	空港アクセス専用列車	中央駅から41キロ	空港から私鉄が「マルペンサ・エクスプレス」をカドナル駅（北駅）へ運行。車両は2階建て。
イタリア	トリノ空港	地域の列車	ポルタ・ヌォーヴァ駅から15キロ	空港駅から私鉄電車がドーラ駅へ運行するが、ドーラ駅で市内中心地方面へ乗り換えになるので空港バスのほうが便利。
オーストリア	ウィーン空港	地域の列車	南駅から15キロ	空港を起点にするSバーン（Stadtbahn=近郊列車）が北駅へ運行する。ただし空港アクセスとしてはバスのほうが一般的。
スイス	チューリッヒ空港	地域の列車	中央駅から8キロ	空港直下に鉄道駅があり、中央駅やザンクトガレン方面への列車が運行、バーゼル、ベルン、ジュネーヴへも直通する。鉄道がポピュラーなため空港バスはない。
スイス	ジュネーヴ・コアントラン国際空港	地域の列車	コルナヴァン駅から3キロ	空港直下に鉄道駅があり、近郊鉄道の起点になっている。ジュネーヴ・コルナヴァン駅をはじめ、ベルン、チューリッヒなどにも直通できる。鉄道がポピュラーなため空港バスはない。
ドイツ	フランクフルト空港	地域の列車と長距離列車の複数の駅がある	中央駅から9キロ	空港直下の鉄道駅がSバーンの起点になっていて、フランクフルト中央駅へ運行。連絡橋を介したもうひとつの駅からはICE（Inter City Express）を含む長距離列車が発着する。
ドイツ	ミュンヘン国際空港	地域の列車	中央駅から29キロ	空港直下の鉄道駅がSバーンの起点になっていて、東駅経由で中央駅へ運行する。

ドイツ	シュツットガルト空港	地域の列車	中央駅から10キロ	空港駅がSバーンの起点になっていて、中央駅へ運行する。
ドイツ	ベルリン空港	地域の列車	中央駅から20キロ	空港駅がSバーンの起点になっていて、市内中心へ直通する。
ドイツ	デュッセルドルフ空港	地域の列車	中央駅から7キロ	空港直下の鉄道駅がSバーンの起点になっていて中央駅へ運行する。
ドイツ	ブレーメン空港	トラム	中央駅から4キロ	空港にトラムが乗り入れている。トラムといっても路面電車というよりはLRTに近い。
ドイツ	ドレスデン空港	地域の列車	中央駅から10キロ	空港にSバーンの駅があり、中央駅へ運行する。
ドイツ	ケルン空港	地域の列車	中央駅から14キロ	空港駅をSバーンやICEなどが発着する。
ドイツ	ハンブルク空港	地域の列車	中央駅から9キロ	空港駅がSバーンの起点になっていて、市内中心へ直通する。
ドイツ	ハノーファー空港	地域の列車	中央駅から10キロ	空港にSバーンの駅があり、中央駅へ運行する。
ドイツ	ニュルンベルク空港	地下鉄	中央駅から5キロ	地下鉄2号線が空港駅を起点にしている。
デンマーク	コペンハーゲン空港	地下鉄と地域の列車の複数の駅がある	中央駅から7キロ	地下鉄2号線が空港を起点にしている。またコペンハーゲンからスウェーデンのマルメまでは海底トンネルを通る鉄道で結ばれているが、その路線の途中に空港駅があるので、空港からマルメ方面へも列車で直接アクセスできる。
スウェーデン	ストックホルム・アーランダ空港	空港アクセス専用列車	中央駅から36キロ	空港から「アーランダエクスプレス」が中央駅へ。俊足だが運賃が高く、所要時間は長くなるが空港バスを利用する人も多い。

世界の空港アクセス鉄道一覧

ノルウェー	オスロ空港	空港アクセス専用列車と地域の列車	中央駅から37キロ	空港から「フライトーゲ」が中央駅へ。空港駅はオスロから北へ向かう鉄道路線の途中にあるため、一般列車も利用でき、そちらのほうが料金は安い。
フランス	パリ・シャルルドゴール空港	地域の列車と高速鉄道の複数の駅がある	リヨン駅から24キロ	ターミナル1とターミナル2、3の中間に駅があり、RERが北駅と結び、そして都心を貫通する。駅へは両ターミナルから無料連絡バスがある。また、ターミナル2にはTGVの駅が別にあり、フランス南部、北部、ベルギー方面へ直通できる。
フランス	パリ・オルリー空港	新交通システムと地域の列車+連絡バス	リヨン駅から13キロ	国際線ターミナル発国内線ターミナル経由で、「オルリーバル」という無人運転の列車がRERのB線の最寄り駅へ運行。このほか無料連絡バスがRERのC線最寄り駅へも向かう。
フランス	リヨン空港	トラムと高速鉄道の複数の駅がある	ペラーシュ駅から20キロ	市内中心地に向かうのはトラム。このほかにTGVの駅が別にあり、パリ、グルノーブル、フランス南部などに直通できる。
フランス	ストラスブール空港	地域の列車	中央駅から9キロ	空港駅からストラスブール駅まで列車で10分もかからない。
ベルギー	ブリュッセル空港	地域の列車	ミディ駅から13キロ	空港直下の鉄道駅から北駅、中央駅経由ミディ駅行きの列車があり、市内行きの空港バスはない。
オランダ	アムステルダム空港	地域の列車	中央駅から12キロ	空港直下の鉄道駅から中央駅へ運行するほか、ロッテルダム、ブリュッセル方面へのインターシティ、パリ方面への「タリス」も停車する。
スペイン	マドリード空港	地下鉄	アトーチャ駅から13キロ	地下鉄8号線がターミナル4を起点にし、ターミナル1、2、3エリアを経由して市内へ向かう。
スペイン	バルセロナ空港	地域の列車	サンツ駅から12キロ	古くからあるターミナル2と連絡通路で結ばれた空港駅からサンツ駅への列車があるが、新しくできたターミナル1には鉄道駅がない。

スペイン	バレンシア空港	地下鉄	北駅から9キロ	地下鉄3号線と5号線が空港駅を起点にしている。ただし、2路線が乗り入れているわけではない。
スペイン	マラガ空港	地域の列車	マリア・サンブラーノ駅から7キロ	マラガからフェンヒローラへ向かう鉄道が、空港前を通る。リゾート地トリモレーノスなどへも直通できる。
イギリス	ロンドン・ヒースロー空港	空港アクセス専用列車と地下鉄の複数の駅がある	セントパンクラス駅から24キロ	空港駅から「ヒースロー・エクスプレス」がパディントン駅に向かうほか、地下鉄ピカデリー線も空港を起点にする。空港駅はそれぞれ、ターミナル1、2、3エリア、ターミナル4、ターミナル5と、空港エリアに3つずつの駅を有する。
イギリス	ロンドン・ガトウィック空港	空港アクセス専用列車と地域の列車	セントパンクラス駅から42キロ	空港駅から「ガトウィックエクスプレス」がヴィクトリア駅に運行するほか、テムズリンクの近郊列車が都心に直通する。
イギリス	ロンドン・スタンステッド空港	空港アクセス専用列車	セントパンクラス駅から48キロ	空港駅から「スタンステッドスカイトレイン」がリバプールストリート駅へ運行。
イギリス	ロンドン・シティ空港	新交通システム	セントパンクラス駅から13キロ	「ドックランドライン」という無人運転の新交通システムが空港の前を通っている。
イギリス	ロンドン・ルートン空港	地域の列車	セントパンクラス駅から42キロ	空港最寄り駅になるルートンパークウェイ駅へ無料連絡バスがある。
イギリス	バーミンガム空港	地域の列車	ニューストリート駅から12キロ	空港ターミナルからスカイレールという無人運転の乗物（無料）で空港駅に連絡している。
イギリス	ニューカッスル空港	地下鉄	ニューカッスル駅から10キロ	地下鉄グリーンラインが空港駅を起点に運行、市内中心へ向かう。
イギリス	マンチェスター空港	地域の列車	ピカデリー駅から13キロ	ターミナル1とターミナル2の間に鉄道駅があり、ピカデリー駅、またリーズやヨーク方面へも直通できる。

世界の空港アクセス鉄道一覧

イギリス	グラスゴー・プレストウィック空港	地域の列車	中央駅から45キロ	この空港は都心から離れた空港で、空港駅から鉄道で市内中心まで約50分を要する。
カナダ	バンクーバー空港	地下鉄	パシフィックセントラル駅から11キロ	地下鉄カナダラインが空港駅を起点に運行、市内中心へ向かう。
アメリカ	ボストン空港	地下鉄＋連絡バス	南駅から3キロ	地下鉄ブルーラインに「エアポート」という駅があり、各ターミナルから無料連絡バスが駅に運行する。
アメリカ	ニューヨーク・ジョンFケネディ国際空港	空港内列車の延長	ペン駅から21キロ	「エアートレイン」は各ターミナル間を結ぶ乗物で、運賃無料だが、その列車が空港最寄りの地下鉄駅と近郊列車駅に直通し、そこまで乗った場合は有料になるシステム。
アメリカ	ニューアーク・リバティー国際空港	空港内モノレールの延長	ペン駅から17キロ	空港のターミナル間や駐車場を結ぶモノレールがニュージャージートランジットの駅へ（無料）。そこから近郊列車でニューヨーク・マンハッタンへ直通できる。
アメリカ	フィラデルフィア空港	地域の列車	30丁目駅から10キロ	この地域の近郊列車を運行するセプタが空港を起点に、30丁目駅はじめ主要駅に直通。
アメリカ	ボルチモア空港	LRT	ペン駅から15キロ	LRTが空港駅を起点に運行する。
アメリカ	ワシントン・ナショナル空港	地下鉄	ユニオン駅から6キロ	地下鉄ブルーラインとイエローラインの2系統が空港前を通っている。
アメリカ	クリーブランド空港	地下鉄	アムトラック駅から16キロ	地下鉄レッドラインが空港駅を起点に運行している。
アメリカ	アトランタ空港	地下鉄	ピーチツリー駅から18キロ	地下鉄レッドラインが空港駅を起点に運行し、市内中心のファイブ・ポインツなどに直通できる。

アメリカ	セントルイス空港	地下鉄	ユニオン駅から19キロ	ターミナル1を起点に、ターミナル2を経由して地下鉄が市内へ運行する。
アメリカ	シカゴ・オヘア国際空港	地下鉄	ユニオン駅から24キロ	地下鉄ブルーラインが国内線ターミナル直下の駅を起点に市内中心地へ直通する。本数は減るが深夜・早朝も運行している。
アメリカ	シカゴ・ミッドウェー国際空港	地下鉄	ユニオン駅から13キロ	地下鉄オレンジラインが空港駅を起点に市内中心地に直通する。
アメリカ	ミネアポリス空港	LRT	ミッドウェイ駅から9キロ	リンドバーグターミナルとハンフリーターミナルの双方にLRTの駅があり、市内中心地へ向かう。
アメリカ	シアトル空港	LRT	キング・ストリート駅から17キロ	LRTが空港駅を起点に運行する。
アメリカ	ポートランド空港	LRT	ユニオン駅から8キロ	LRTが空港駅を起点に運行する。
アメリカ	サンフランシスコ空港	地下鉄	カルトレイン駅から18キロ	BART（Bay Area Rapid Transit）と呼ばれる都市内高速鉄道が空港駅を起点に市内中心へ運行。この路線はサンフランシスコ中心街を通り、海底トンネルを経てオークランド側まで直通する。
アメリカ	サンノゼ空港	LRT＋連絡バス	ディリドン駅から5キロ	LRTに空港駅があり、空港ターミナルへは無料連絡バスがある。
アメリカ	ロサンゼルス空港	LRT	ユニオン駅から20キロ	LRTのグリーンライン最寄り駅から無料連絡バスがある。しかしダウンタウンへは乗り換えが必要で、空港アクセス交通としてはあまり使われていない。
メキシコ	メキシコシティ空港	地下鉄	ブエナビスタ駅から8キロ	ターミナル1の前を地下鉄5号線が通っているが、ターミナル2には鉄道アクセスがない。また地下鉄5号線は観光客の多く行くエリアを通っておらず、中心街へは乗り換えが必要。

谷川一巳（たにがわひとみ）
昭和33年（1958）、横浜市生まれ。日本大学卒業。旅行会社勤務を経てフリーライターに。雑誌、書籍で世界の公共交通機関や旅行に関する執筆を行う。訪れた空港は230以上、約60空港のアクセス鉄道を利用した。著書に『速さだけが「空の旅」か』（光文社）、『航空検定』（河出書房新社）、『バスの常識と秘密』（イカロス出版）、『まだある旅客機・空港の謎と不思議』（東京堂出版）など。

交通新聞社新書057
空港まで1時間は遠すぎる!?
現代「空港アクセス鉄道」事情
（定価はカバーに表示してあります）

2013年8月16日　第1刷発行

著　者——谷川一巳
発行人——江頭　誠
発行所——株式会社　交通新聞社
http://www.kotsu.co.jp/
〒102-0083　東京都千代田区麹町6-6
電話　東京（03）5216-3915（編集部）
東京（03）5216-3217（販売部）

印刷・製本—大日本印刷株式会社

ISBN978-4-330-39413-8